Histórias escritas por Deus

Sumário

Histórias escritas por Deus

O poder de fortalecer a fé e o propósito

EDITORA
CHAVE MESTRA

EDITORA
CHAVE MESTRA®

Av. Marcos Penteado de Ulhoa Rodrigues, 1119 – Tamboré, Alphaville - SP,
Ed. Office Shopping Tamboré – Andar 21 – Sala Chave Mestra CEP:
06460-040
@editorachavemestra
editora@editorachavemestra.com.br
Acesse: www.editorachavemestra.com.br

Título original em Português:
Histórias escritas por Deus - O poder de fortalecer a fé e o propósito

Direção editorial: Raquel Medeiros
Assistente editorial: Amanda Oliveira e Eloiza Andrade
Revisão: Gabriel Michelazzo
Diagramação: Weslei Eugênio
Branding de capa: Izzo Medeiros
Projeto gráfico: Weslei Eugênio

O conteúdo desta obra é de total responsabilidade dos autores e não reflete necessariamente a opinião da editora.

Dados Internacionais de Catalogação na Publicação (CIP)

Vale, Rogério (Organizador)
V149 Histórias escritas por Deus: o poder de fortalecer a fé e o propósito / Rogério Vale – Barueri, SP: Chave Mestra Editora, 2024. 248 p. : 16 x 23 cm

ISBN 978-65-84979-92-5

1. Desenvolvimento pessoal. 2. Espiritualidade. 3. Vida Cristã. 4. Prosperidade. 5. Inteligência espiritual. 6. Fé. 7. Título

CDD 158.1

NOTA DO PUBLISHER

"Histórias Escritas por Deus" é um livro singular composto por 30 vozes diferentes, mas unidas em um propósito comum: compartilhar a fé através de experiências de vida reais. Este livro é uma coletânea de testemunhos pessoais, cada um revelando como a fé moldou, transformou e guiou seus autores através dos desafios e conquistas da vida.

Ao longo destas páginas, você encontrará histórias autênticas de pessoas que, como você, enfrentaram dificuldades e seguiram em frente. Estas narrativas são mais do que simples relatos; são exemplos vivos de como a fé em Deus pode influenciar e alterar nossos caminhos de maneiras inesperadas e poderosas. Cada autor compartilha sua jornada única com honestidade e transparência, oferecendo uma visão da realidade da fé em ação.

O objetivo deste livro é duplo. Primeiro, ele serve como um lembrete de que, não importam as diferenças, nossas experiências com a fé nos une. Segundo, é uma fonte de inspiração e encorajamento para aqueles que buscam fortalecer sua própria fé. Ao ler estas histórias, esperamos que você encontre momentos de identificação e inspiração que o levem a refletir sobre sua própria jornada.

Este livro também é uma missão de expansão da fé. Cada história é um convite para explorar mais profundamente o que significa viver uma vida centrada em Deus. Através destes relatos, queremos encorajar os leitores a buscarem uma conexão mais profunda com Ele e a reconhecerem como a fé pode ser um alicerce poderoso em tempos de incerteza.

"Histórias Escritas por Deus" não é apenas uma leitura, é um diálogo aberto entre os autores e você, leitor. É uma oportunidade de entender como a fé se manifesta nas realidades do dia a dia e como ela pode ser a chave para superar obstáculos e levar você a encontrar seu propósito.

Ao concluir esta obra, nossa esperança é que você se sinta inspirado e fortalecido. Que estas histórias sirvam como testemunhas da presença constante de Deus em nossas vidas e como um incentivo para viver de acordo com essa realidade transformadora.

Bem-vindo a uma jornada de descoberta, inspiração e expansão da fé.

Boa leitura!

Rogério Vale – CEO da Editora Chave Mestra

Idec Educacional Brasil e Portugal

Adriana Carolina

Sou Adriana Carolina, natural de Salvador, Bahia, casada com o evangelista Alex Santos de Jesus há 23 anos (bodas de palha - combustível para manter o fogo acesso).

O resultado dessa união foi um casal de filhos: Adrieveli Carolina de 20 anos (hoje, casada com Kaique Cerqueira) e o meu caçula, Alan Carolino, de 15 anos (meu tecladista).

Sou missionária, compositora, cantora, professora, terapeuta, esposa, mãe, filha, irmã e amiga. Tenho três CDs lançados e dois DVDs gravados.

Minha história de sucesso foi caminhando na contrariedade. Venci cada obstáculo, acreditei nas promessas de Deus e desfruto dos resultados na minha vida e na vida de muitos.

Aonde eu não chegar, minha voz e meus escritos chegarão.

miss.adrianacarolina

+55 (71) 98757-0554

adrianacarolina

cantoraadrianacarolina@gmail.com

Adriana Carolina

Adriana Carolina

01 ESTE PROCESSO SERÁ CONCLUÍDO COM SUCESSO!

Por Adriana Carolina

Eu sou Adriana Carolina, soteropolitana, nascida em maio de 1978. Aos 7 anos de idade, recebi um convite especial por intermédio do meu saudoso avô, Dermeval Santos, para participar de um culto a Deus no departamento infantil da igreja. Naquele dia, ouvi a mais linda história de amor. Antes da conclusão, fui atraída por uma tia com uma bandeja na mão com bolo, pipoca e guaraná. Pensei: "Ser crente é bom, é aqui que vou ficar (risos)!"; como um peixe fisgado pela boca.

Assim, fui pega pelo estômago, mas logo descobri que o Reino de Deus não é comida, nem bebida, mas justiça, paz e alegria (Romanos 14:17).

Deus tem suas formas de atrair.

Por fora fragilidade, por dentro potencialidade: A importância de uma criança no Reino de Deus

"Deixem vir a mim as crianças e não as impeçam" - Mateus 19:14 (NVI)

Nunca fui impedida de fazer parte do Reino dos céus, mas não tive influência evangélica dentro de casa. Meu pai, Mário Bispo, era maravilhoso, porém, bebia muito e, quando estava bêbado, tornava-se outro homem, muito violento. Minha mãe, Maria da Glória, era uma mulher guerreira, mas cansada. Meus irmãos Carolinos, gostavam de farras. Já meu irmão Valnei e eu, passamos a caminhar desejosos pelo céu. O que absorvíamos na igreja, semeávamos em casa.

Seja um semeador dos bens de Deus! Seja um influenciador e não influenciado! Fui uma pequena de grande influência. O que adquiri no passado, transfiro no presente. Sou uma guardiã do Senhor.

O meu tio, Erivaldo Carolino, foi mentor em minha trajetória e guardião para não me perder no caminho. Minha geração, acorde! Seja guardiã das crianças! Ensinem a elas o caminho que devem andar e não como desejam que elas andem. Criança é fragilidade por fora, mas potencialidade por dentro. Estragando hoje, não haverá transferência amanhã. Portanto, cuide hoje! Brasa sozinha não se sustenta.

Oração não envelhece, um dia acontece.

"E contou-lhes também uma parábola sobre o dever de orar sempre e nunca desfalecer." - Lucas 18:1.

A oração é um privilégio conquistado na cruz, não precisamos mais de intermediação. É você mesmo quem deve orar! Aprenda rápido sobre o poder da oração.

Não é penitência é dependência. Cresci em círculos de oração, descobri o segredo da vitória através dos joelhos. Não é mágica, é fé em ação e poder de Deus através de joelhos dobrados. É assim que os problemas são solucionados.

A questão é que muitos sabem disso, mas o tempo de espera tem gerado inquietação no coração. Uma geração de imediatistas, oram hoje e querem a resposta no mesmo instante. Rejeite essa inquietação no seu coração e espere com paciência no Senhor (Salmos 40:1). Deus trabalha a favor dos que nEle esperam. Perseverar na oração não é fácil, mas desenvolve resiliência e lindas experiências. O tempo passa, um dia a resposta chega, a porta se abre, o socorro vem, a providência lhe abraça. Deus tem propósitos em cada situação e vai realizar o desejo do seu coração. Lembre-se: um dia acontece.

Um sonho lindo Deus realizou, minha mãe Ele salvou. A notícia mais maravilhosa, juntas pelos céus e pela família. Creia que está chegando salvação em sua casa (Lucas 19:9). Oração não envelhece, um dia acontece!

O Grande está monitorando você; o Grande está de olho no pequeno:

"Os olhos do Senhor estão em todo lugar, contemplando os maus e os bons." - Provérbios 15:3.

Todos os meses, nossa família amava pescar na maré do Lobato, uma atividade exercida como lazer e distração. Aprendi que tudo que você faz com prazer, mesmo que por necessidade, se torna satisfatório. Eu amava aquele hobby, era um grupo de irmãos, vizinhos e amigos, muitas crianças e eu, adolescente, com vasilhas vazias nas mãos. Meu objetivo não era pescar, era mergulhar e lanchar. Quando chegávamos ao local, era dada uma ordem aos pequenos: "Encham as vasilhas, depois podem mergulhar e lanchar." Eu tinha pressa e decidi burlar a regra (não esqueça que o Grande está monitorando você). Enquanto eu pescava, despejava uma mão de areia e uma mão de mariscos na vasilha, e assim fiz até encher. Mas o Grande estava me monitorando. De olho no pequeno, o Grande dá corda e depois puxa.

Não tenha pressa! Não se precipite! Faça o seu e não queira passar na frente de ninguém, espere seu momento.

Quando exclamei: "Acabei!", minha querida avó Celina, me olhou, pegou a vasilha e uma peneira (por essa eu não esperava, risos), levou até a água e começou a lavar os mariscos. Nesse momento, toda a areia desceu pela peneira e a verdade apareceu. Uma lição para a vida. Deus bradou no meu coração: "O Grande está monitorando você". Portanto, não adianta foçar a porta, atropelar os outros para sair na frente, do jeitinho brasileiro. A verdade sempre prevalece, por isso, mantenha a calma e dê um passo de cada vez, até que o processo seja concluído com sucesso! Não se esqueça que Deus não se esquece: *"Eu, todavia, me não esquecerei de ti. Eis que, na palma das minhas mãos, te tenho gravado."* - Isaías 49:15,16. Não corra de Deus, corra para Deus: *"Corramos, com paciência, a carreira que nos está proposta."* - Hebreus 12:2. Deus lhe conduzirá. Primeiro, você ouve. Depois, você sente. Essa é a ordem: ouvir, entender e obedecer. Como Abraão, em Gênesis 12, que saiu acreditando no GPS dos céus, saia e Deus indicará o caminho a seguir. Dependa totalmente da voz dEle, isso é suficiente para sua caminhada. Deus não erra!

Não há mais tempo para relutar, é tempo de se posicionar: do magistério ao ministério

Ele já te viu e decidiu: "É você mesmo!". E foi assim comigo, Deus me chamou dentro de uma sala de aula e disse: "Seu trajeto pedagógico é comigo."

O chamado de Deus vai além de ofício eclesiástico, que é pregar, cantar, pastorear. Em sua profissão, Deus também quer usá-lo: seja como empreendedor, doutor, empresário de pequeno e grande negócio, secretária do lar. É como uma Débora nesta geração, um canal de bênção para muitas vidas. Abrace o chamado de Deus, vença obstáculos e conquiste vitórias. Corra para Deus, não corra de Deus.

Seja um amigo leal e não Legal.

Não basta chorar, permanecer pra se alegrar: *"O teu povo é o meu povo, o teu Deus é o meu Deus."* - Rute 1:16. Rute permanece na vida de Noemi. Em dias de dores e amargura da alma, Noemi queria se isolar, viver sozinha. Você não foi criado para viver o isolamento, ninguém vive só. Rute não abre mão da amizade de Noemi e insiste.

Órfã, amiga das lágrimas, se junta à Noemi para chorar e logo se ausenta. Chorar qualquer um chora (carpideira também chora), agora, permanecer para se alegrar é para poucos.

Identifique quem são as pessoas que só estão perto por fingimento, apenas interessadas em receber algo em troca, mas não permanecem para sorrir, que se comovem com as famosas "lágrimas de crocodilo. Valorize quem é de verdade e reconheça quem é de mentira.

"O amor seja não fingido." - Romanos 12:9

Se mantenha na ausência o que você é na presença: Quem é você na ausência? Um Judas que se vende? Seja leal. Judas era testemunha ocular de Jesus, sentava-se à mesa com o Senhor. Ele deveria proteger, mas, na ausência, por apenas 30 moedas, vendeu seu Amigo.

Jesus sabia quem era quem, Ele senta-se à mesa com os seus discípulos, quando revela o traidor - Judas Iscariotes, aquele que cuidava das finanças da bolsa dos apóstolos.

Valorize quem é de verdade e reconheça quem é de mentira. Jesus não se isolou, não se decepcionou, não seguiu carreira solo. Na mesa tem de tudo: tem Tomé que duvida, símbolo da incredulidade, o amigo que não acredita em você, só crê, vendo. Na mesa também tem os de verdade, tinha Pedro, Tiago e João, os amigos mais chegados que vão até o fim com você, rompendo e vivendo o extraordinário.

Nessa minha jornada, conheci muita gente legal, mas o legal trai, o legal desiste, o legal chora, mas não permanece para sorrir, o legal está com você, mas duvida da sua potencialidade.

Nessa minha jornada, percebi sorriso "Monalisa", vi manejar de cabeça, convivi com os irmãos de José, que não suportaram verem o pai lhe dar uma túnica colorida e o venderam. Fugi de Caim para ele não me matar. Caim mata! Quem tem síndrome de Caim, quando vê Deus receber seu sacrifício, muda o semblante. Cuidado com Caim!

Nessa minha jornada, entendi a fragilidade do homem e a soberania de Deus, e decidi ser leal a Ele e aos homens. Seja leal, não seja legal.

Quando o mal se apresenta, Deus vai te sustentar

Guarda fiel é Jeová: Jesus não é qualquer um entre muitos, Ele é Deus. Você não é qualquer um entre muitos, você é filho de Deus e coerdeiro com Cristo (Romanos 8:17). Você é propriedade exclusiva de Deus.

Tem alguém achando que você está à toa, mas você tem dono, sua casa tem dono, sua família tem dono e o seu dono guarda sua entrada e sua saída. E o mais lindo de tudo: Ele guarda a sua alma.

Desavisados que perdem tempo e gastam dinheiro para nos destruir, odeiam sem motivo, perseguem sem causa, simplesmente porque você é você! Deus lhe chamou para vencer.

Gerei em mim maturidade suficiente para entender que não é sobre eles, é quem está por trás deles. Como marionete na mão do inimigo, assim são os opositores (que muitas das vezes são os de perto, não os de longe), que apostam em sua queda, maquinam seu mal e esperam o seu fim. Mas ninguém vai determinar o fim de sua história.

Escrevo baseada em minhas experiências. Alguém (eu não sei quem) fez trabalho de feitiçaria e arriou na porta da minha garagem. Neste cenário de afronta, nasceu a composição: Guarda fiel é Jeová. Escrevendo e cantando: "Guarda Fiel é Jeová, o mal se apresentou, mas Deus me sustentou", você pode terminar ouvindo nas plataformas digitais a letra que nasceu: *"Guarda fiel é Jeová / Guarda fiel é Jeová / Guarda fiel é Jeová / Deus está blindando o teu lar / Estão tentando destruir teu lar, ver seu fracasso, sua queda / Armaram plateia, estão aguardando ver sua derrota / Mas não vão ver / Porque Deus está cuidando de você / Vão se frustrar / Porque Deus está blindado o teu lar / Guarda fiel é Jeová".*

O mal se apresenta, mas Deus lhe sustenta! Rejeite o mal e abrace o bem. O mundo lhe negou flores, mas Deus lhe fez um lindo jardim (Isaías 58:11).

"Por fora fragilidade e por dentro potencialidade. O que eu sou, Deus me tornou."

Adriana Carolina

Alessandro Domingos

Sou Alessandro Domingos, natural de Osasco, São Paulo, e moro na cidade de Sorocaba com minha esposa Fabiana Valentim, com quem sou casado há 21 anos, e minhas filhas Nathalia e Caroline.

Trabalhei durante 15 anos na ZF do Brasil prestando serviços na área de logística. Tenho formação básica em teologia e hoje exerço a função de pastor na Comunidade Cristã Deus Presente em período integral, realizando mentorias e cuidando de pessoas tendo como fundamento a palavra de Deus.

Minha história foi marcada por grandes desafios e adversidades, mas também por grandes conquistas e realizações de sonhos.

pralessandropaulino

ccdpeden

+55 (15) 99614-4626

apaulinodomingos@icloud.com

02 QUEM TEM PROMESSA DE DEUS TAMBÉM MORRE

Por Alessandro Domingos

Talvez você esteja pensando: "como assim quem tem promessa de Deus também morre?". Isso é sobre tudo o que ouvimos ao longo da nossa trajetória como cristãos, criando um paradoxo sobre a nossa vontade e a vontade permissiva de Deus, de que quem tem promessas de Deus não pode morrer. Ao longo dessa leitura, talvez sua perspectiva sobre esse assunto comece a mudar. E para entender de onde tirei essa conclusão, você precisa conhecer minha história de vida.

Tudo começa no ano de 1980, na cidade de Osasco onde nasci, em uma família de sete irmãos, quatro mulheres e três homens, sendo que um dos meus irmãos, Alexandre, era meu irmão gêmeo.

Morei durante dois anos na cidade de Osasco, mas não tenho nenhuma lembrança desse tempo; tudo que sei desta época são os relatos dos meus pais e dos meus irmãos. Através deles descobri que o período que moramos lá foi muito difícil, vivemos um período de muita escassez e dificuldades, pois o sustento da família vinha apenas do trabalho do meu pai. Nessa época, só minha mãe era convertida, ela fazia parte de uma igreja pentecostal e todos os dias tinha campanha de oração na igreja no período da manhã e, no período da tarde, as pessoas iam até a nossa casa para receber oração. Enquanto meu pai estava trabalhando, minha mãe ficava o dia todo envolvida com as coisas da igreja e quem cuidava de mim e do meu irmão era minha irmã mais velha, que na época tinha uns doze anos.

Não vejo problema nenhum em se dedicar à obra de Deus, porém precisamos entender que o nosso primeiro ministério é a nossa família. Após dois anos, por conta de uma transferência da empresa onde meu pai trabalhava, mudamos para Sorocaba e, a partir disso, nossa vida começou a melhorar um pouco. A empresa que meu pai trabalhava financiou a casa de todos os funcionários que se mudaram para Sorocaba, porém as dificuldades financeiras ainda continuavam, pois somente meu pai continuava a trabalhar para sustentar toda nossa família. A situação financeira era tão precária que muitas vezes não tínhamos dinheiro para comprar pão para o café da manhã.

Algum tempo depois, minha mãe e minhas irmãs começaram a trabalhar e, com isso, começamos a ter acesso a coisas que para muitos era extremamente simples, mas, para nós, fazia toda a diferença. Esperávamos ansiosos pelo final de ano, era sempre um momento de grande alegria. Muita gente vinha de Osasco para passar o final de ano conosco. Não tínhamos muito luxo, a maioria das pessoas dormia no chão, mas era sempre muito divertido! Minha mãe, depois que chegou a Sorocaba, infelizmente acabou esfriando na fé e se desviou dos caminhos de Deus, então o povo virava a noite no forró.

Como eu disse no início, um dos meus irmãos, o Alexandre, era meu irmão gêmeo, e desde muito novinhos, com aproximadamente dez anos de idade, começamos despertar para a música. Gostávamos muito de sertanejo e logo que minha mãe percebeu que gostávamos de cantar, ela começou a investir em nós comprando coleções de discos do Chitãozinho e Xororó, Zezé de Camargo e Luciano, entre outros, e também mandava fazer aquelas camisas com franjas, que na época era a moda sertaneja. Começamos cantando em casa quando a família estava reunida e depois passamos a cantar nas festas da escola e nas festas beneficentes do bairro. Chegamos a fazer parte de um grupo composto de vários cantores e bailarinas e, com eles, cantávamos em festas de confraternização de empresas, inclusive na festa de confraternização da empresa que o meu Pai trabalhava. Participamos até de um programa de televisão regional de calouros que se chamava Cantando no chuveiro e sempre ganhávamos em primeiro lugar (não sei se cantávamos muito bem ou se os outros concorrentes eram muito ruins), mas estávamos sempre em busca de uma oportunidade de mostrar nosso talento na música.

Nesta busca incessante pelo sucesso, nosso grande e maior sonho era gravar um álbum, porém todas as tentativas de fazer sucesso no meio secular eram frustradas e hoje entendo que o sucesso não vinha porque Deus estava preparando algo maior para nós. Na verdade, Deus estava querendo usar o nosso dom e talento na música para o louvor de Sua glória.

Entenda: Quando seus planos são frustrados, não se decepcione, pois Deus está querendo cumprir os planos e os sonhos Dele na sua vida.

E foi exatamente assim que aconteceu com a gente, tudo que tentamos no meio secular não deu certo porque Deus já tinha algo maior preparado para nós, a fim de que não fosse feita a nossa vontade, mas a vontade Dele em nossas vidas. Para isso ele precisava usar alguém da minha família, para que através de uma pessoa ele pudesse alcançar a todos.

Como mencionei anteriormente, minha mãe ainda estava afastada da presença de Deus, e foi neste momento que a obra de Deus começou na nossa família. Através da minha tia, hoje Pastora Quitéria, a primeira da família a se converter, que através de seu posicionamento e oração em um projeto da igreja chamado Minha família no altar de Deus, o Senhor começou a salvar gradativamente minha casa, começando pela minha mãe que voltou para Jesus e, junto com ela, meu pai que se converteu a Cristo no mesmo dia. Logo na sequência, meu irmão Alexandre e eu nos entregamos ao Senhor. O próximo foi meu irmão Luciano que na época estava envolvido com drogas e, através do testemunho de um missionário, também se converteu ao evangelho. Daí por diante, toda minha família se rendeu a Cristo.

Não demorou muito para sermos batizados. Um dia antes do meu batismo, infelizmente sofri um acidente de carro, mas nem isso impediu que eu fosse batizado junto com o meu irmão Alexandre e, a partir daí, logo começamos a atuar no ministério de louvor da igreja. Ao longo da nossa caminhada com Cristo, descobrimos o sertanejo gospel e começamos a cantar esse estilo dentro da igreja, formando a dupla Alex e Sandro. Montamos o nosso repertório e começamos a ir a outras igrejas para cantar e também levar a Palavra de Deus.

O sonho de gravar um CD voltou a queimar em nosso coração; começamos, então, com a gravação de uma fita cassete de uma forma bem simples, com pouquíssimo recurso, com as músicas que já cantávamos nas igrejas.

E foi em uma destas agendas nas igrejas que Deus usou uma profetisa, para profetizar que gravaríamos um CD, e não demorou muito tempo para aquela profecia se cumprir em nossas vidas. Assim como Deus falou, Ele cumpriu, e não gastamos nenhum centavo com a gravação e produção.

Gravamos o CD, e desde então, visitamos muitas igrejas para divulgar e vender os CD's. Foi um tempo muito abençoado, tivemos o privilégio de ver muitas almas se convertendo por onde passávamos e, foi neste tempo, que recebemos muitas palavras de profecia que iriamos conhecer as nações e que o nosso nome seria conhecido. Porém, no ano de 2003, meu irmão Alexandre foi acometido de uma enfermidade que começou com uma broncopneumonia e foi se agravando; nenhum médico descobria o que era. Isso se arrastou por três meses e, infelizmente, no dia 15 de maio, onze dias após nosso aniversario de 23 anos, ele veio a falecer. Aprouve ao Senhor recolher meu irmão, e todos os planos que tínhamos como dupla foram enterrados com ele.

Foi muito difícil, para toda nossa família suportar a dor de perder alguém que amávamos tanto, e que tinha tantos planos e sonhos ainda pra viver. No meu caso foi bem complicado conseguir entender o porquê tudo aquilo estava acontecendo, afinal de contas, diante do que eu acreditava, nós ainda tínhamos muitas promessas para viver. Quando ele morreu eu fiquei sem chão, sem rumo, sem saber na verdade o que fazer, pois cantávamos juntos desde os dez anos de idade. Pensei que tudo tinha acabado e não havia mais o que fazer, pois cantar sozinho não era uma opção para mim. Demorei muito para me recuperar dessa "pancada", e o problema é que toda a expectativa que eu tinha sobre as promessas de Deus estava ligada ao meu irmão. Quando ele morreu eu achava que as promessas de Deus para a minha vida também tinham morrido e isto causou um grande conflito na minha mente, pois eu não conseguia entender como era possível alguém ser arrancado de mim desta forma e com ele todos os sonhos que eu tinha juntamente com meu irmão.

Porém, hoje, depois de ter vivido tudo isso, aprendi que, na verdade, quem tem promessas, até pode morrer, mas são as promessas de Deus que nunca irão morrer.

Hoje sou Pastor de uma igreja aqui na cidade de Sorocaba, a Comunidade Deus Presente, e assim tenho vivido os planos e projetos que Deus havia planejado pra eu viver.

Talvez agora você entenda o porquê coloquei como tema da minha história, "quem tem promessas também morre".

Esta é minha história escrita por Deus, espero ter abençoado sua vida com ela.

Deus te abençoe!

"Nenhum sucesso, seja profissional ou ministerial, vai superar o fracasso na família."

Alessandro Domingos

Ana Paula Araújo

Sou Ana Paula Araújo, nasci em Paulo Afonso, Bahia, cidade onde resido e que tem meu coração.

Casada com o pastor Alessandro Araújo há 13 anos, com quem tenho o privilégio de dividir a minha vida, juntamente com os nossos filhos: Rafael, Levi, Isaque e Isabela. Formada em Administração, Direito e Teologia, exerço minha vocação servindo a minha igreja local através do meu chamado pastoral. Como profissional, atuo como Tabeliã.

Idealizadora do Instituto Sozo no Sertão, temos o intuito de levar pessoas a destravarem o potencial de suas promessas por meio de uma cura integral, posicionando-as e enviando-as aos seus respectivos propósitos. Apaixonada pelo Sertão Nordestino, sou uma entusiasta pelas chuvas prometidas ao deserto que o fará florescer.

anapaula.aaraujo

cnpauloafonso

institutosozonosertão

anapaulaaraujo3402

cnpauloafonso

03 DO LIXO AO LUXO: ELE ME TIROU DO MONTURO!

Por Ana Paula Araújo

O ano era 2011, e assim como eu, a Europa estava se despedindo de um inverno rigoroso e dando as boas-vindas à uma linda primavera. O dia estava convidativo para mais um passeio romântico de nossa Lua de Mel pela imponente França. Feliz e grata, fitava os olhos bem atenta a todos os detalhes que vislumbrava pelas janelas do metrô. Eu estava muito consciente de que somente o amor do Pai e a graça de Jesus poderiam ter nos proporcionado aquele presente espetacular. O trajeto era longo, mas finalmente chegamos ao destino do nosso roteiro. Uau! Que visão estonteante estava diante dos meus olhos. Eu nunca havia visto algo igual. Eram os portões de ouro do grande e famoso Palácio de Versalles.

Paralisada por alguns minutos diante daquela imagem, fiquei pensando no quanto aquela estrutura era um divisor de dois mundos completamente diferentes. Atrás de mim, um subúrbio no qual viviam pessoas comuns, e à frente, um palácio onde viveram pessoas pertencentes à coroa francesa.

A verdade é que meus pensamentos foram arrebatados em uma viagem que desbravaria o interior da minha alma. Eu não sabia explicar o que estava sentindo, era como se algo fosse tão peculiar ao mesmo tempo que tão desconhecido e confuso para mim. Será que a Nova Jerusalém que descerá do céu adornada se parece com isso aqui? Pensei. No fundo, fiquei buscando dentro de mim respostas para esse arroubo de sentimentos que estavam me embaraçando. Foi quando ali, andando a passos lentos, senti o Espírito Santo me convidando a adentrar aqueles portões e a passear com ele em uma visita surpreendente à grande habitação das realezas. Quanto mais andava, mais ficava extasiada com toda opulência daquele lugar. O ouro que reluzia dos adornos do portão era apenas uma pequena mostra de tudo o que viria lá dentro. Sem dúvidas, ali estava uma das mais bonitas realizações das artes francesas, uma epopeia da nobreza, do luxo e do poder.

Em cada ambiente que eu entrava, era como se um filme de época estivesse sendo projetado em minha mente. Pensava: "Como será que eram as festas reais neste grande salão dos espelhos? Como será que era viver aqui como filha do rei? Será que era tão bom assim?" Antes de me ver preferindo ser uma plebeia, meus pensamentos foram irrompidos como que na velocidade da luz, e lembro-me de ter ouvido o Espírito Santo sussurrar ao meu coração: "VOCÊ NASCEU PARA ESTE LUGAR! VOCÊ PERTENCE A ELE!" Como assim? Será que eu estava delirando? O que o Espírito Santo estava querendo me falar? Eu estava tão grata por estar ali como visitante. Contente por aquele portão ter sido aberto e ter me dado acesso para passear ali dentro e viver aquela breve experiência, que não precisaria me ver princesa para que fosse tomada de profunda alegria.

Eu, uma realeza? Eu sabia de onde eu vinha. Não era possível! Eu não tinha linhagem real, não merecia, não pertencia e jamais poderia. Foi quando finalmente Ele bradou o Salmos 113:7-9, fazendo silenciar o meu coração, quando disse: *"Ele ergue do pó o desvalido e do monturo, o necessitado, para o assentar ao lado dos príncipes, sim, com os príncipes do seu povo"*.

Nunca fui do tipo de menina de brincar de princesas, sempre preferi as brincadeiras que remetiam a personagens guerreiras. Eu amava fingir ser a *Power Rangers* rosa. Talvez porque preferisse fugir da realidade para um mundo paralelo onde a coragem para vencer os meus vilões fosse a minha maior característica.

Eu cresci em uma família disfuncional, bem como em um contexto não muito favorável para se sonhar. A realidade era sempre muito dura e muito cedo tive que, mesmo com medo, aprender a lutar para me defender. Um senso de falta de pertencimento, abandono e rejeição sempre assombraram a minha vida, e passar pela separação dos meus pais em minha infância, foi como assistir o meu castelo desmoronar, potencializando tudo que já era difícil em meu coração.

Na época em que meus pais separaram, minha mãe voltou para a casa dos meus avós, e o que já estava ruim, passou a piorar. A passagem por este lugar foi longa o suficiente para nos fazer entrar em um pesadelo, sem uma aparente chance de acordar. Ali passamos por abusos de todas as espécies.

Eu pedia a DEUS que nos desse um lugar para chamar de nosso, pois constantemente éramos lembrados de que estávamos ali de favor. Foi quando, em uma das licenças do meu pai, ele pegou suas economias e veio nos visitar a fim de levantar um teto para nós, mas o dinheiro deu apenas para erguer as paredes e telhar uma casa.

Sua localização ficava a poucos metros de um grande lixão. Sem saneamento básico, aquele lugar funcionava como um esgoto da cidade. A fome, as drogas e o analfabetismo, faziam parte daquele monturo de miséria em que estaríamos inseridos, dali em diante. Ah, o nome do bairro? Era conhecido como a "Vila do rato".

Certo dia, após um dos meus tios novamente agredir um dos meus irmãos, minha mãe resolveu fazer uma trouxa com nossas roupas e nos mudamos para aquela casa. Sem energia, água encanada, esgoto, porta, janela, sem nada. A chamávamos de "casa encantada, tinha teto, mas não tinha mais nada." Ela era o nosso castelo. Estávamos todos radiantes, não havia tristeza em nossos corações, apenas muita paz. Lembro-me que à luz do candeeiro, sempre fazíamos orações antes de dormir e entravámos debaixo do mosqueteiro para nos proteger, inclusive dos ratos que caiam das vigas dos telhados, durante a noite.

Passamos muitas lutas e privações financeiras durante esse período que ainda durou alguns anos, quando aprendi a fazer do contentamento a minha força motriz. Contudo, morar em um bairro marginalizado, conviver com ratos e urubus como se fosse algo comum, ser privada de coisas tão básicas em minha infância do ponto de vista financeiro, nunca foi para mim o maior problema. Eu carregava muitos lixos por dentro, e estes não eram resultados de uma moradia às margens, literal, de um monturo, mas das dores e traumas do passado que me levaram a construir a minha própria casinha emocional, me trancando dentro dela e jogando a chave fora.

Prisioneira e escrava de mim mesma, eu me mantinha cada vez mais distante de todos e de tudo, inclusive do Pai. Até que, aos 14 anos, eu entreguei a minha vida a JESUS e ele mudou completamente a minha história. Não foi como dormir e acordar transformada em outra pessoa, mas de maneira processual, assim como a luz da aurora, que vai brilhando, brilhando, até ser dia perfeito, Ele pegou em minhas mãos e me conduziu para fora, tirando de mim o conformismo e me levando ao protagonismo.

Entendi, nesse processo, o valor de estar em todo tempo contente (Filipenses 4:11), mas, de igual modo, a importância de nunca estar conformada

(Romanos 12:2). Aprendi que deveria combater os padrões impostos pela realidade que me cercava através de uma renovação mental que me faria transpor a linha da mediocridade, a fim de protagonizar transformações de realidades que expressassem a plenitude da vontade do Pai.

Cruzar os portões dourados, exigiu de mim primeiramente abrir as portas do meu casebre interior (Apocalipse 3:20), a fim de permitir Jesus faxinar o lixo e alinhar tudo que estava fora do lugar. Sua chegada me fez perceber em Seus olhos que Ele não estava ali para visitar, mas para habitar. Sua proposta ao bater em minha porta, não se resumia a prover as necessidades da casa, mas a ser família comigo, me posicionando em uma herança do trono real.

Percebi que eu não era uma simples guerreira lutando para sobreviver, eu era a filha do Rei. Ele disse: *"Ao vencedor darei o direito de sentar-se comigo em meu trono, assim como eu também venci e sentei-me com meu Pai em seu trono"* (Apocalipse 3.21). Definitivamente, essa verdade mudou para sempre a minha vida. O Rei, o Todo-poderoso, era o meu Pai, e escolheu se esvaziar de Sua forma, a fim de me encontrar no lixão da minha alma.

Bem verdade que Ele chegou em um redemoinho tirando os meus pés do chão e me fazendo perder o controle de mim. Mas, muito embora tudo tenha saído do lugar, quando o vento cessou, eu me dei conta que minha sorte mudou. Ali tive a certeza de que tê-lO em mim era a minha maior riqueza. Minhas roupas foram mudadas, eram brancas como a neve, gloriosa como das noivas quando se ataviam para o grande dia.

Olhava por toda a parte, mas não reconhecia mais o meu casebre que por muitos anos o chamei de encantado. Havia ouro refinado em todos os lugares, e adornava todas as coisas: paredes, portas, janelas e utensílios. De repente, enquanto estava ali extasiada com tudo, olhei para fora da janela. Eu queria saber dos portões. Será que depois daquele redemoinho eles ainda estavam ali? Será que ainda eram enferrujados e sujos? Caminhei um pouco e os avistei, ali estavam eles: os Portões de Ouro do grande Chatêau. Ouvi uma voz que dizia: "Bem-vinda! Você venceu! Esse é o seu lugar, você nasceu para reinar". Quando vi, já estava do lado de cá.

Descobri não somente a quem pertenço, mas quem verdadeiramente sou e qual o meu papel como filha do Rei. Identidade e propósito apontaram o meu destino: O TRONO REAL. Olhei para fora de mim e me dei conta que havia muito mais para ser transformado. Que a riqueza e a prosperidade que estava vivenciando, poderia, mais do que isso, deveria, ser exteriorizada, a fim de conduzir outros a ultrapassarem os limites dos portões e a viverem nas cortes reais.

Fiz do meu "Castelo de Versalles" o financiador para implantação e expansão do Reino do meu Pai. Sou presidente do Instituto Sozo no Sertão, cuja finalidade é transformar, através da cura de mentalidade, o deserto em terra fértil. Um dos nossos maiores projetos se chama a Vila da Arte, que está sendo desenvolvido no mesmo lugar que anteriormente se chamou Vila do Rato, e tem a finalidade de resgatar crianças como um dia eu fui, sem perspectiva alguma, a se verem como realezas e capazes de, em DEUS, mudarem suas respectivas realidades.

Essa história também diz respeito a você. Cruze, hoje mesmo, os portões que te separam da herança e da coroa que está preparada para todos que O amam (Tiago 1:12). Há um lugar de governo preparado para você.

“Esteja em todo tempo contente, mas conformado, jamais! Levante-se e cruze os portões de sua herança. Há um lugar para você à mesa do Rei.”

Ana Paula Araújo

Analice Barroso

Sou Analice Barroso, de Nova Friburgo/RJ, autora dos livros "A conversa no poço" e "Davi: de detrás da manada ao alto do trono". Influenciadora cristã, com mais de 15 mil seguidores e líder em minha igreja local.

Quando tinha 4 anos de idade, meus pais criaram o ministério *Bodas de Caná*. Cresci viajando com eles a diferentes cidades, distribuindo o material das pregações e os imitando ao pregar para as bonecas.

Aos 10 anos de idade, criei meu canal no YouTube para influenciar crianças. Conforme os anos se passaram, conheci mais de Jesus e entendi que o meu propósito é levar Seu amor.

Em 2018, Deus me entregou o nome do ministério *A princesa cristã*, levando ao foco do meu chamado: aproximar meninas ao Rei que as fez princesas. Hoje, levo o Evangelho transformador através da escrita e da comunicação!

aprincesacrista

A Princesa Cristã

aprincesacrista@gmail.com

04 O PODER DA DECISÃO

Por Analice Barroso

Grande parte dos cristãos que "nasceram" na igreja, não aprende a ser templo do Espírito Santo e acaba por se desviar do caminho certo que lhe foi proposto.

Certa vez, um sábio disse que "Deus não tem netos, Deus tem filhos" - fazendo referência a pessoas que acreditam já estarem "salvas" porque seus pais são cristãos e elas cresceram dentro do Evangelho.

Entretanto, há um momento que "deveria" existir na vida de todo filho de crente: ele mesmo passar a crer na fé salvadora por experiência própria. "Deveria porque, infelizmente, nem todos que vivem a maior parte de suas vidas dentro da igreja escolhem conhecer a Jesus."

Nasci em um lar cristão - mãe presbiteriana e pai católico, que depois se converteu -, mas precisei ter meu encontro particular com o Espírito Santo para varolizá-lO e saber com quem estava tratando. Em 2020, no primeiro dia de janeiro, decidi ler a Bíblia todos os dias naquele ano, porque eu sabia que precisaria dar um passo prático para conhecer o Deus dos meus pais.

A partir daquela escolha, passei a chamá-lO genuinamente de "meu Deus". Agora, eu poderia louvar ao Senhor responsável por me salvar, reconhecendo tamanha graça que vem d'Ele. Afinal, não se pode adorar quem não se conhece. Eu escolhi Jesus! Você já fez essa escolha por conta própria? Sem interferência dos pais ou de líderes da igreja? Você desejou Jesus ou ainda não consegue entregar seu coração por completo a Ele?

Eu acredito plenamente no poder das Escrituras Santas. O último livro que lancei diz: "O Evangelho realmente não é sobre nós, mas mesmo assim está em nós o poder da decisão para que a unção presente nele nos alcance."

- *Davi: de detrás da manada ao alto do trono.*

Nós reconhecemos que é somente pela misericórdia de Deus que somos salvos, basta somente crer (Atos dos Apóstolos 16:30-31). Porém, Jesus veio para termos vida em abundância, não "somente" para a salvação no fim dos tempos. Ou seja, não é para sobrevivermos e, sim, vivermos plenamente a abundância presente no Evangelho. Para isso, é necessário escolher conhecer mais sobre Ele e sobre as chaves presentes na Palavra Viva. Existe uma unção que nós podemos acessar! Tudo está no poder da decisão.

Estas páginas lhe farão compreender que suas escolhas de hoje influenciarão em como você viverá o amanhã. Se você deseja ser amigo de Jesus, precisa se esforçar para conhecê-lO, pois não se constrói intimidade sem esforço. Deus escreve uma história diferente para cada um e anseia por presenciar nossa paixão pela essência do céu. Ele prepara oportunidades grandiosas para que cada pessoa tenha uma vivência sem igual com o Todo Poderoso. Em todas as histórias escritas por Deus há a esperança de que desejaremos nos aproximar dEle. Será que temos escolhido viver a história escrita por Ele? Ou temos tentado, em todo tempo, arrancar a caneta de Sua mão e assumirmos o papel de autores da vida? Ou pior: vivido à sombra de experiências de terceiros, sem buscar ter intimidade com o Pai?

A mulher samaritana teve um verdadeiro encontro com Deus ao conversar com Jesus no poço. Leia a passagem bíblica e perceba que, antes do Messias se apresentar, ela alegou conhecer o "Deus de Jacó", sempre O condicionando ao "Senhor dos seus antepassados". Ela mesmo não sabia quem Ele era a fundo. Provavelmente, escutou histórias e mais histórias sobre Abraão, Isaque e Jacó, e então se contentou com as maravilhas vividas pelos outros - como se fossem suficientes para sua vivência plena.

Quantos de nós não vivem por anos com a mesma desculpa? Acreditando que basta simplesmente frequentar a igreja. "Ah, meus pais vão à igreja." "Sou salvo porque meus avós eram muito avivados." "Sou filho do pastor, não preciso me preocupar." Estas frases são típicas de crentes que ainda não escolheram se tornar cristãos. Quem leva esse título conhece tanto a Cristo que procura ser como Ele na terra. Se eu e você não conhecemos ao Messias, como podemos nos tornar parecidos com Ele? Não devemos nos contentar com o que ouvimos das experiências dos nossos parentes. E as nossas próprias vivências?

Naquela tarde no poço, a samaritana procurou conhecer mais do homem com quem estava conversando, sem se satisfazer com o que já escutara dos seus antepassados. Porque esta mulher queria viver seu momento sobrenatural com o Senhor, sem interferência humana, para poder contar com sua boca todos os feitos dEle. Ela escolheu saber mais sobre Cristo. Entenda que só conversar não é suficiente! Só orar não basta! Se bastasse, no início da conversa, ela teria reconhecido quem estava a sua frente.

Nós precisamos ler a Bíblia, frequentar a igreja, conversar com pessoas sábias sobre o Evangelho e, com certeza, orar sim, pois é uma peça fundamental, só não pode ser a única. Há um entendimento poderoso em um dos capítulos do meu primeiro livro: "Nossos olhos e ouvidos espirituais precisam ser abertos, as escamas precisam cair para não conhecermos Jesus Cristo somente como o bom profeta que veio à terra para ser crucificado por nossos pecados, mas sim como o Messias, quem nos deu o direito de o chamarmos de nosso Irmão, um ser poderoso, bondoso e amável, o Filho primogênito de Deus." - *A conversa no poço.*

Há um combo para a intimidade com o Senhor, com a presença de um ingrediente primordial: sinceridade. Seja verdadeiro com o Espírito Santo! Talvez você não esteja conseguindo senti-lO como antes ou você nunca tenha O conhecido de verdade. Fale sobre isso, converse sinceramente com Deus. Ele quer ouvir de sua boca, porque este é um ato de reconhecimento da nossa mera humanidade e necessidade de ter um Deus. Este primeiro passo é como um convite para que Ele entre em sua vida, faça todas as mudanças necessárias e vocês se tornem melhores amigos!

Ser incendiado pelo Espírito por meio do fogo presente nas pessoas é bom demais! Ouvir pregações, receber das ministrações de domingo e cantar louvores direcionados por cantores é maravilhoso. Porém, experimente buscar o próprio fogo, escrever as pregações baseadas na voz de Deus que fala contigo e louvar através das canções que o seu coração pode entoar. Cortar a lenha, encontrar o lugar ideal, juntar tudo aquilo que será inflamável e esperar a unção descer... tudo isso dá trabalho! Só que é o trabalho que mais gera recompensa!

Estar na igreja com pessoas usadas por Deus é simplesmente a pontinha do iceberg que pode acabar com toda dor, depressão, ansiedade e sofrimento que tantos sofrem. O resto deste iceberg é a intimidade que você decide ter com o Senhor. Mais uma vez, a decisão é citada como a chave para viver o extraordinário dos céus em meio ao ordinário da nossa vida. Busque seu próprio fogo, porque, se você depender dos outros, chegará um tempo que seu espírito estará tão fraco (afinal, não está sendo alimentado da forma correta), que não conseguirá nem correr atrás destas pessoas. O nível delas será outro! Da mesma forma que o seu também pode ser - basta escolher produzir dentro de você o fogo santo!

Você não precisa ficar atrás de pastores e líderes, você pode ter seu encontro real com o Senhor. No tempo de Moisés, um templo foi criado e sacerdotes foram consagrados para serem os intermediários entre Deus e as pessoas. Ninguém tinha contato direto com Ele, por conta dos pecados que açoitavam a humanidade. Hoje, Jesus já veio ao mundo e rasgou o véu do santuário, perdoando nossos pecados, nos purificando e permitindo total acesso ao Deus da nossa salvação. Não fique em busca de aprovação humana para se achegar a Ele. Simplesmente toque Suas vestes, lave Seus pés, chore em Seus braços e revele todos os seus anseios e preocupações. O Pai está pronto para lhe ouvir e lhe ajudar a se tornar cristão de verdade!

Imagine só o desastre que seria se a mulher samaritana tivesse se contentado com o "Deus de Jacó". Há chances de muitos dos samaritanos que ouviram de sua boca sobre Jesus não terem tido suas vidas mudadas pelo Homem da Galileia, curas não teriam acontecido ali e milagres teriam sido negligenciados. Não porque Deus teria desistido de fazer, mas porque Ele queria usar aquela mulher.

Há vidas que serão transformadas pelo poder do agir de Deus em seu testemunho. Existe um propósito maior do que você pode imaginar atrás do seu "sim" para o Evangelho. Almas serão salvas através da pregação que será sua nova vida com Jesus. Não para seu louvor ou glória, mas para honrar e glorificar o nome de Deus, quem merece louvor e reconhecimento por sua pura graça e grande misericórdia.

Eu amo uma frase do Rafael Rodrigues: "Eu achava que era só para ajudar algumas pessoas, mas descobri que mudará gerações." Uau! É isso! Nossa escolha de direcionar nossa vida a vontade de Deus não ajudará somente quem está ao nosso lado ou não mudará só o nosso destino, mas fará a diferença na vida de famílias e mais famílias que serão transformadas pelo nosso testemunho.

Portanto, tome a decisão de escolher o Único que faz nossa vida valer a pena ser vivida. Todos os dias, leia a Bíblia e invista em conhecê-lO. Troque os tipos de satisfação que este mundo propõe com a satisfação eterna presente nEle. Acredite: renunciar momentos e vontades para se aproximar dEle não é religiosidade, é demonstração de amor. Você não estará "exagerando" por buscar tanto ao Senhor. Este tempo que você estará investindo em seu relacionamento com Deus não está sendo perdido.

Pessoas se aproximarão de você para lhe falar o contrário dessas três frases, mas não permita que as mentiras de Satanás lançadas sobre sua mente se tornem dogmas. A sua decisão de buscá-lo é a melhor que você pode tomar e valerá a pena cada renúncia, cada tempo de devocional e cada oração aos seus pés. Jesus recolhe cada lágrima que cai em seu altar, está ouvindo nossas sinceras conversas e nos forja no processo para vivenciarmos o grande chamado que tem para nós! Você está pronto para embarcar na jornada de escrever com Deus uma história que vale a pena ser contada?

"Há um combo para a intimidade com o Senhor, com a presença de um ingrediente primordial: sinceridade. Seja verdadeiro com o Espírito Santo!"

Analice Barroso

Camila Lukachaki

Sou Camila Lukachaki, cristã, empresária e palestrante, nascida em Londrina, Paraná, onde resido atualmente com meus 2 filhos, Davi Lucas Lukachaki e Benjamin Lukachaki. Desenvolvo um projeto denominado Projeto FemSoul, com a missão de auxiliar mulheres que passaram ou passam por diversos níveis de relacionamento abusivo.

Idealizadora do Projeto Mulher Ative seu Potencial, realizo encontros eventuais reunindo o maior número possível de mulheres a fim de levar cura e equilíbrio emocional através de Jesus. Nunca imaginei chegar até aqui, mas Deus, minha força motivadora, tinha um grande propósito em todos os ciclos e obstáculos. Minha esperança é que você seja alcançada(o) e sinta o que Deus pode realizar através de uma história de superação e resiliência. Que minha história provoque mudanças transformadoras e lhe encha de esperança e motivação. Enfim, deixar um legado.

calukachaki

+55 (43) 98498-5095

camilalukachaki2@gmail.com

05 CHEGOU O TEMPO DE FLORESCER

Por Camila Lukachaki

"Você não vai ser ninguém na vida", "Essa menina vai se perder, vai virar prostituta", "Vagabunda!", "Ela não vai dar em nada". Essas foram algumas das palavras que cresci ouvindo. Os rótulos que o mundo colocava em mim. E talvez, era o que eles queriam que eu acreditasse.

Cresci em um lar totalmente desconstruído, fui criada pela minha mãe com minhas irmãs sem meu pai, eles se separaram quando ela estava grávida de mim. Na minha adolescência eu sofria demais pela ausência do meu pai, e de alguma forma queria colocar para fora, eu queria ser notada. O problema é que essa vontade de ser notada acontecia de maneira deturpada e, por muitas vezes, achavam que eu estava mentindo quando tentava expressar meus sentimentos. Foi então que comecei a buscar o preenchimento dessa ausência paterna no mundo. O meu desejo era estar cercada de pessoas, me sentir amada, importante, e isso me levou a cenários de dor e sofrimento, desencadeando traumas e mágoas. Para alcançar o objetivo de ser aceita, sempre fui simpática e receptiva a todos, mas como um homem receberia essa simpatia? Eu me tornei uma presa fácil, uma menina vulnerável.

Aos 14 anos de idade, eu estava à procura de um pai e os homens me viam como um pedaço de carne, o que resultou em recorrentes abusos sexuais. Eu falava que não queria, mas não tinha escolha, eles eram muito mais fortes do que eu.

Talvez não tenha relatado isso a ninguém, falei vagamente em alguns eventos, mas teve um fato que me marcou muito. Com uns 15/16 anos de idade, quando voltava da escola a pé, passou um carro várias vezes perto de mim e ficou dando até que parou e disse: "Menina, você deve estar cansada. Está longe de onde vai? Entra, eu te dou uma carona". Eu, muito ingênua, aceitei. Ele me levou a uma casa grande, eu não sabia onde estava e ali ele fez o que queria comigo. Cresci achando que era para isso que eu servia, mas Deus já havia escrito todos os meus dias (Salmos 139:16). Apesar do cenário em que eu vivia e dos fatos que aconteceram comigo, eu sempre fui muito sonhadora, queria ter uma família e ser diferente das pessoas.

Eu me lembro de brincar sempre com algo na mão que imitasse um microfone, eu me imaginava cantando na igreja, falando para muitas pessoas e sendo reconhecida. Mal sabia onde Deus me levaria. Acredito piamente que, quando os sonhos nascem em nosso coração, primeiramente nasceram no coração de Deus. Só que para que meus sonhos se realizassem, precisaria passar pelo processo, e como passar por ele? Eu só conseguia ver minhas dores e meus traumas; como alcançar o que para mim era inalcançável? Era apenas uma menina sonhadora, em busca de formar uma família!

Acabei conhecendo o pai dos meus filhos, imaginando que estava realizando um sonho e que, a partir daí, seria eternamente feliz; só não imaginava que estava entrando em um relacionamento abusivo. Ele, como todo abusador, muito encantador, envolvente e prestativo, e em alguns momentos, rude e agressivo. Mas para mim, estava tudo perfeito, até porque não tinha uma referência do que era um bom marido, o que eu queria era alguém cuidando de mim! O começo do meu namoro foi muito conturbado, cheio de brigas e várias agressões, e mesmo assim, acreditava que ele me amava, então sempre dava uma nova chance. Acabou que me casei com ele e tive dois filhos, Davi e Benjamin. Foi uma relação de 8 anos, vivendo em um ambiente de muita dor e agressões de todos os níveis possíveis: psicológicas, físicas e financeiras. Chegou ao ponto de ele me abandonar com meus filhos com uma ordem de despejo, sem dinheiro porque ele não me deixava trabalhar, e sem ter para onde ir.

O tempo passou e conheci então outra pessoa. Resolvi dar uma chance para o "amor". Me entreguei de corpo e alma nesse novo relacionamento, durou 5 anos, mas não era recíproco, outro relacionamento abusivo e doloroso. Com muito trabalho e dedicação, construí uma rede de salões e barbearia junto com ele. Era meu sonho, vivia para o crescimento da empresa, trabalhava incansavelmente. Mas ainda estava doente emocional, física e psicologicamente. Estava realizada na empresa, mas na vida pessoal, me sentindo um fracasso.

Então, tomei a decisão de procurar ajuda de uma terapeuta, e foi aí que tudo começou a mudar. A cura começou a acontecer.

Se você que está lendo isso nesse exato momento e acha que tudo está perdido, quero te dizer com toda a certeza: Deus envia pessoas na hora certa para que se cumpra a palavra Dele em sua vida! Ela via em mim não só aquilo que tinha estudado para ver, mas além. Via um potencial que eu já não enxergava existir. Já tinha perdido minha identidade, acreditava que tinha nascido para ser nada. A cada sessão tudo mudava dentro de mim, então comecei a me posicionar no meu relacionamento, a não aceitar mais algumas coisas, que na verdade sempre foram inaceitáveis, mas por medo de ser abandonada, acabava cedendo. Afinal, estava no meu segundo casamento e com dois filhos para criar.

Todo posicionamento gera resultado, o meu trouxe uma batalha muito grande, mas necessária. Depois de muitas ameaças, recebi uma liminar que dizia que eu tinha 48 horas para retirar tudo o que era meu de dentro da minha empresa. Meu sonho foi tirado das minhas mãos através de mentiras e traições. Mais uma vez fui enganada da pior forma possível, tudo arquitetado friamente como castigo por eu não aceitar mais ser diminuída. Ah, como foi difícil! Eu sentia meus ossos e minha carne doerem, uma dor que não consigo expressar em palavras, mas, doía minha alma. Entrei em depressão profunda, quis tirar a minha vida, para mim tudo havia acabado. Fiquei três meses trancada no quarto, levantava para fazer o essencial porque meus filhos precisavam de mim. Eles que iam no quarto tentar me motivar todos os dias. Foram os piores dias da minha vida, doeu muito mais do que a agressão física. Mas lembra o que citei há algumas linhas? Quando achamos que está tudo perdido, Deus aparece em cena e, mais uma vez, Ele estava lá.

Comecei a tirar forças para buscar a Deus e entender o motivo da permissão de todo esse sofrimento novamente, assim como diz a Palavra:

"Buscar-me-eis e me achareis, quando me buscardes de todo o vosso coração." - Jeremias 29: 13

Ele se revelou a mim, respondendo meu questionamento, dizendo que esse deserto era para me curar, mas dessa vez, de maneira definitiva. Ele precisava tratar e cuidar de mim, eu já estava muito doente, com uma anemia severa, perdendo muito cabelo, o emocional já estava somatizando no físico, apareciam manchas roxas no corpo todo com frequência. Um dia, ajoelhada em meu quarto, tive uma experiência inexplicável, perguntei para Deus de onde vinha esse medo do abandono, por que eu entrava em relacionamentos abusivos e não conseguia sentir que Ele era o meu Pai? Comecei a chorar muito, uma dor grande no peito, não conseguia ficar mais de joelhos, me deitei no chão e tive uma visão. Me vi na barriga da minha mãe e senti a dor que ela sentiu quando meu pai a tinha deixado, e eu escutava audivelmente Deus dizendo: "Filha, estou te curando, nunca mais terá medo do abandono, eu sempre vou estar aqui. Podem todos te virarem as costas, mas meu propósito em sua vida irá se cumprir". Logo em seguida veio um alívio, fiquei leve, era como se flutuasse, a presença de Deus era real, o Espírito Santo estava me abraçando. E qual era esse propósito? Quando saí do meu primeiro relacionamento abusivo, falei para Deus que iria ajudar mulheres a sair desse tipo de relacionamento e levar a cura para elas. Mas como eu poderia fazer isso sendo que eu não tinha sido curada, se mais uma vez estava vivendo aquilo? E Deus mais uma vez falou comigo e disse: "Filha, assim que você voltar para o seu propósito eu farei o restante". Ah, depois disso, eu não poderia dizer não para o meu Pai, escolhi obedecer, chega de escolhas erradas.

Em menos de 2 meses organizei meu primeiro evento para mulheres, com o tema Mulher Ative seu Potencial, acredite, deu quase cem mulheres. Só Deus tem poder para fazer algo do tipo. Afinal, eu não tinha dinheiro e nem qualquer tipo de condições de fazer isso. Três meses se passaram e veio a segunda edição do evento, dessa vez com o tema Identidade, e sim, mais uma vez cem mulheres foram alcançadas pelo meu testemunho e tocadas por Deus.

Começaram a me mandar mensagens me pedindo a terceira edição e confesso que essa foi a mais desafiadora, quis desistir várias vezes.

Deus tinha me dado o tema: Tempo Improvável e a palavra a ser ministrada era:

E a palavra do Senhor veio a mim: "O que você vê, Jeremias?"
"Vejo o ramo de uma amendoeira", respondi.
O Senhor me disse: "Você viu bem, porque eu irei apressar a minha palavra para cumpri-la completamente" - Jeremias 1:11 e 12

Mas como falar que Deus faria algo depressa, sendo que já tinha um ano que eu estava esperando algo acontecer? Só que aí está o segredo, quando fazemos algo para Deus, Ele trabalha por nós.

E Ele me surpreendeu! Dois meses se passaram e um milagre aconteceu - milagres não se explicam, só se vivem - Deus colocou um investidor em meu caminho, que acreditou em mim e está sendo um mentor. Hoje, montei um salão de beleza, algo só meu e em meu nome, que ninguém mais vai poder tirar de mim. Estou impactada com tudo que Deus está fazendo, Ele muda nossa história quando nos posicionamos, quando obedecemos aos comandos Dele. Muitas vezes Deus precisa nos enterrar, e é onde achamos que tudo acabou. Mas na verdade, Ele só está nos preparando para florescer da forma mais linda e grandiosa possível. Outrora uma menina cheia de traumas e cicatrizes que não daria em nada, que seria mais uma entre a sociedade, abandonada e infeliz. E agora uma palestrante, empresária, idealizadora de dois projetos sociais e escritora.

Realmente a minha história foi escrita por Deus e a sua também. Se você está na rota errada, pare e escute a voz de Deus, jogue fora as páginas já escritas e viva aquilo que Deus já escreveu a seu respeito. Chegou o TEMPO DE FLORESCER!

"Com Deus, recuar é avançar!"

Camila Lukachaki

Pra. Camila Martins

Sou Camila Martins, natural de Palmeira das Missões no Rio Grande do Sul. Atualmente, moro no estado da Florida nos Estados Unidos, juntamente com minha família. Sou casada com o pastor Luiz Carlos Martins há 27 anos e mãe de José Emanuel e Joshua Samuel.

Sou pastora, cantora, compositora e trabalho no ministério feminino há mais de 20 anos, pregando o Evangelho, palestrando e motivando mulheres. Sou formada em Teologia pelo Instituto Bíblico Metodista Cape Coral (FL/USA). Canto desde criança; aos 25 anos, gravei meu primeiro CD; ao todo, tenho cinco álbuns gravados, sendo dois solos e três em dueto com meu marido.

pastoracamila_martins

luizecamilaoficial

+1 (239) 264-2269

cantoresluizecamilaoficial

praCamila Martins

06 EU SOU O MILAGRE DA FÉ

Por Pra. Camila Martins

"Tu criaste o íntimo do meu ser e me teceste no ventre de minha mãe" - Salmos 139:13 (NVI)

Quão agradável é pensar que, antes mesmo de eu nascer, Deus já pensava em mim. Há uma ciência maravilhosa em tudo isso e um mistério profundo ao pensar que não somos acaso - nem apenas o encontro de um óvulo com um espermatozoide, ou seja, duas células que formam uma vida, somos fruto do plano perfeito de Deus para a humanidade. Com esse pensamento, podemos acreditar que cada passo de nossa história foi projetado por Deus, ainda que em alguns momentos não tenhamos visto a Sua mão, Ele estava lá.

Assim também foi na minha história. Muitas vezes, achei que nasci por acaso, por um erro de cálculo dos meus pais, um acidente da vida, mas, ao longo da minha jornada, Deus foi me mostrando e me ensinando que minha vida tinha um destino e um propósito.

Meus pais consideram minha vida um milagre, pois, ao nascer, tive um sério problema de saúde que me levou a dias de internação hospitalar. Devido a uma infecção que não foi tratada corretamente, a bactéria se fortaleceu e causou uma infecção generalizada. Meu frágil corpo de bebê não conseguia mais combater a infecção, nem lutar para sobreviver. Sem solução, fui desenganada pela medicina e considerada pelos médicos um caso sem saída. Mas a mão de Deus estava comigo o tempo todo, porque Ele havia me escolhido antes mesmo de eu nascer e Ele mesmo, o próprio Deus, faria o que fosse necessário para que eu tivesse a vida que Ele havia planejado para mim.

Minha mãe conta que, certo dia, estava no hospital para me ver e, ao encontrar os médicos, eles disseram que o meu caso não tinha solução, tudo o que podiam fazer, havia sido feito. O desespero tomou conta do coração da minha mãe, a falta de fé e desesperança bateram muito forte na sua mente e em todo o seu emocional. Nesse momento, todas as forças que ela possuía se acabaram e ela pensou que havia chegado ao fim, já que não tinha mais sentido ou razão para viver. Tomada por esse sentimento de impotência, minha mãe decide tirar a própria vida, pois não queria viver sem o bem mais importante para ela: sua filhinha, que estava condenada à morte.

Foi nesse contexto que Jesus encontrou minha mãe, nesse quadro de desespero, nessa hora de dor, em que toda a esperança havia acabado e a solução não existia mais, o Médico dos médicos chegou para mudar radicalmente o quadro da nossa vida. Naquele tempo, era comum pastores e obreiros da igreja irem aos hospitais orar e ungir com óleo os doentes, levando um pouco de alento a pessoas que, como minha família, estavam passando por momentos difíceis. Em um desses dias, minha mãe estava andando pelo corredor do hospital, chorando e pensando apenas em morrer, desejando que tudo aquilo acabasse e que fosse apenas um pesadelo, que Deus enviou um homem em forma de anjo para ajudar a minha mãe e lembrá-la da bondade e do amor de Deus que a cercavam. Esse homem era alguém que estava naquele hospital para orar pelos enfermos, um homem simples, mas um verdadeiro servo de Deus, sensível à dor do próximo, ao sofrimento daqueles que caminham sem esperança e desejam até mesmo a morte.

Esse homem se aproximou da minha mãe e perguntou por que ela estava chorando e o que ele poderia fazer por ela. Ela explicou o meu quadro clínico, tudo que estava acontecendo e o quanto ela estava sofrendo em ver a sua filhinha morrendo lentamente, pois todos os recursos haviam se esgotado, não havia mais nada a fazer, era apenas uma questão de tempo para tudo findar. Esse enviado de Deus sabia que não há problemas, doenças, dificuldades ou qualquer coisa difícil para Deus, como diz as escrituras: *"Porque para Deus nada é impossível."* - Lucas 1:37.

A Bíblia conta que Jesus chegou a Betânia, depois de quatro dias que Lázaro estava morto, deu ordem para a vida voltar ao corpo gélido de Lázaro e todos o viram sair do túmulo com vida e andando. Jesus também parou o enterro do filho da viúva de Naim e disse para aquela mãezinha que estava enterrando seu único filho: *"Não chores."* - Lucas 7:13.

Naquele dia, Jesus encontrou minha mãe no corredor de um hospital, quando nem ela mesma acreditava que Ele poderia encontrá-la. Através da vida desse homem que falou do amor de Deus, sobre o quanto Ele amava minha mãe e se importava com a sua dor, e que Ele poderia fazer o milagre que ela tanto desejava. Mas ela precisava tomar uma decisão importante na vida, entregar o seu caminho e confiar no Senhor Jesus. Foi nesse momento que minha mãe decidiu se entregar a Cristo e ir ao encontro do milagre que precisava. Exatamente na mesma hora, Jesus estava entrando no quarto do hospital onde eu estava internada e me visitando, tudo por causa da decisão de minha mãe de abraçar o amor de Deus e se entregar a Ele.

Depois desse encontro com Deus, meu quadro clínico foi melhorando até que voltei para os braços da minha família e passei a viver a vida abundante que Deus tinha para mim. Creio que sou um milagre, minha vida é feita de milagres, experimento os milagres de Deus todos os dias e a minha fé me dá a certeza de que Jesus está o tempo todo caminhando comigo, cuidando de mim e me auxiliando em tudo que preciso.

Cada vez que minha mãe contava a minha história de milagre e superação, minha fé aumentava. Minha mãe estava me ensinando que haveria dias difíceis na minha vida e que neles eu só poderia contar com a fé, pois ela seria a bússola e o combustível que me levariam ao meu propósito.

Depois desse dia, Jesus entrou na nossa vida, mudou a minha história, a dos meus pais e dos meus irmãos. Isso não significa que tivemos dias mais fáceis, na verdade, tivemos muitos dias difíceis, mas entendemos que Deus estava presente e Ele era tudo o que precisávamos.

Eu creio que uma história escrita por Deus é uma jornada de lágrimas e sorrisos, erros e acertos, e de uma certeza real em todas as páginas de que Deus está presente, visivelmente ou não, as Suas mãos e o Seu amor estão sempre conosco.

Quando sua fé é ativada, nunca mais você verá as circunstâncias ao seu redor da mesma forma. Uma criança que aprende a confiar em Deus e acreditar que nEle tudo é possível, se tornará um adulto que consegue superar as dificuldades da vida.

É por isso que Provérbios 22:6 diz "*Instrui o menino no caminho em que deve andar, e, até quando envelhecer, não se desviará dele.*" Ao longo da minha vida, fui desafiada e minha fé foi colocada à prova muitas vezes, mas eu sabia que o mesmo Deus que havia feito o milagre lá na década de 80, não mudou, Ele ainda era o mesmo, a Sua capacidade de fazer o sobrenatural não estava invalidada pelo tempo ou circunstâncias, Ele continua o mesmo.

"Àquele que é capaz de fazer infinitamente mais do que tudo o que pedimos ou pensamos, de acordo com o seu poder que atua em nós, a ele seja a glória na igreja e em Cristo Jesus, por todas as gerações, para todo o sempre! Amém!" - Efésios 3:20,21 (NVI)

Ele não mudou, Ele continua fazendo milagres! Aleluia!

Uma das lições importantes que eu trouxe para a minha casa quando me casei e tive meus dois filhos, José e Joshua, foi ensinar a eles o que aprendi com meus pais: o poder da fé. Nas coisas mais simples do dia a dia, nas situações complexas, nos tempos de fartura ou de necessidade, temos uma arma poderosa: nossa fé! Meus filhos foram desafiados o tempo todo a crer que Deus faz, que Ele pode mudar toda e qualquer situação. Em cada desafio, a fé era usada para desativar milagres lindos e sobrenaturais.

Sementes de fé determinam colheitas milagrosas e abundantes. Nos dias que batia o desânimo, meus filhos começavam a cantar *"A resposta" de Thalles Roberto, especialmente o refrão que diz "A resposta é que eu vivo de milagres / Desta vez, vai ser mais um milagre / Eu não sei como Deus irá fazer / Mas eu sei, vai ser perfeito / Como tudo o que ele faz"*. E quando víamos, Deus estava abrindo caminhos e portas, nos dando conexões e oportunidades. Eu sei que a jornada não é fácil, que tem dias que a nossa fé será testada no fogo da adversidade, mas há uma certeza no meu coração: eu tenho o escudo da fé!

O que me alegra nesses momentos é ver que o legado de fé, plantado pelos meus pais, está sendo transmitido para minha descendência. Meus filhos experimentam uma vida abundante e milagres diários de Deus, como cura, provisão, amor, cuidado, proteção, e sei que meus netos também viverão e serão ativados na fé para crer no poder de Deus.

Quando compartilhamos nossa história de luta e de superação, ativamos em quem nos ouve, a capacidade de acreditar que, independentemente da situação, há uma solução. Por isso, quero desafiá-lo(a) a compartilhar seus pequenos milagres, suas histórias, suas conquistas, afinal, você foi gerado com um propósito: comunicar a fé e o amor de Deus a todas as pessoas. Ao longo dos anos, aprendi que a fé tem o poder de transformar histórias, refazer destinos e nos ensinar; é por meio dela que passamos a crer no impossível. Quando compartilhamos nossa jornada e os desafios que vencemos, acrescentamos uma dose de fé a todos aqueles que são impactados pela nossa vida e pelos milagres que vivenciamos.

Lembre-se que existem milagres visíveis e invisíveis, mesmo assim, eles não deixam de ser milagres, por menor que seja, por menores que sejam, por mais insignificantes que pareçam em meio a sua jornada, olhe para eles e reconheça o amor de Deus, a bondade e o cuidado dEle em toda a sua trajetória.

"Ora, a fé é o firme fundamento das coisas que se esperam e a prova das coisas que se não veem." - Hebreus 11:1

"A fé tem o poder de transformar histórias, refazer destinos e nos ensinar."

Pra. Camila Martins

Carla Soares

Sou Carla Soares, nasci no Rio de Janeiro, resido em Timóteo, Minas Gerais, com minha família: meu esposo Paulo Soares, com quem sou casada há 18 anos, nossos filhos Letícia Soares e Pedro Soares, e meu pai, Sérgio Maschi.

Sou filha de Deus, pastora de igreja local e de pastoras, ao lado de meu esposo. Ministro em aconselhamentos, conferências e eventos no Brasil e no exterior há 16 anos.

Sou conselheira familiar, diretora de escola de educação infantil e mentora de mulheres. Formada em Direito pela Universidade Federal Fluminense e advogada há mais de 20 anos. Não imaginava que Deus havia escrito uma história de sucesso e conquistas para mim. Conhecer a Ele e a mim mesma, me fizeram vencer minhas fragilidades, superar desafios e transbordar meu potencial para restaurar e formar pessoas.

pracarlasoares

+55 (31) 99210-1077

carlamaschisoares@gmail.com

07 UMA VIDA RENDIDA A DEUS

Por Carla Soares

Fui achada por Deus na minha juventude, quando começou a ser revelada a história escrita por Ele para mim desde a eternidade. Mal sabia eu que todos os dias da minha vida foram contados e planejados pelo meu Criador.

Nasci no Rio de Janeiro e morei em Niterói. Sou filha única e recebi boa educação, conforto e bons passeios. O que mais poderia desejar? Porém, a ausência de meus pais, em especial da minha mãe, na rotina diária deixou carências que descobri mais tarde.

Dentro de mim, uma alma frágil e triste. Em qualquer ambiente, me sentia diferente, desinteressante e inferior. A timidez e solidão eram minhas marcas. Meu mundo era desconhecido pelas pessoas. Sempre pensei que viveria uma vida comum e apagada neste mundo.

Eu não conhecia a Deus e não havia experimentado o amor de Jesus Cristo. O Senhor preparou um encontro real quando fui diagnosticada com nódulos na tireoide aos 17 anos. Tomada pelo medo, aceitei ir a uma igreja evangélica e ali pude sentir a presença gloriosa e impactante de Deus em mim. Recebi a revelação do Senhor Jesus! Desse dia em diante, nasciam uma nova história e um propósito. Passei por uma cirurgia e vi a presença do Senhor cuidando de mim. Não tive qualquer sequela e sequer precisei fazer uso de medicação.

O meu quarto passou a ser o lugar de encontro secreto com meu Amado. Ali, tive a primeira experiência sobrenatural, onde, por meio de uma visão, vi um anjo de pé ao lado da minha cama. Ele tinha nas mãos um livro, em que escrevia a meu respeito enquanto olhava para mim. Entendi, então, que meu Criador não só me resgatou da escuridão e sofrimento que me prendiam, mas revelou um novo futuro cheio de bênçãos e propósitos para mim.

Desde que nasci de novo, carrego a Palavra que Deus me deu em João 15.5. O Senhor me dizia que eu iria servi-lO, que minha vida era dEle e para Ele. Recebi profecias sobre ser uma referência e, no meu batismo, o Senhor me disse que eu seria uma pastora e deveria cuidar de Suas ovelhinhas!

Mas como tudo isso seria real, se me via tão incapaz? Primeiro veio a preparação. Deus me colocou em uma família espiritual. Este foi o lugar de cura e capacitação para o meu chamado, onde fui desafiada a enfrentar minhas vergonhas, ensinando, cantando, pregando a Palavra de Deus, servindo a casa do Senhor, cuidando de crianças, adolescentes e jovens, batizando, evangelizando nas ruas, abrindo grupos familiares, liderando encontros espirituais e viajando a dezenas de congressos.

O Senhor usou tantas pessoas para me moldar, me curar e mostrar quantos tesouros o Pai tinha escondido dentro de mim. O meu propósito de vida estava sendo desenhado diante de meus olhos. Enquanto o Senhor sarava minhas feridas, também me usava para sarar as feridas de outras pessoas. Enquanto eu servia ao Senhor, cursava faculdade de Direito, me preparando para a carreira profissional e sonhando e orando com um casamento.

A fidelidade de Deus não falhou! Com muito esforço, concluí minha faculdade e tirei a carteira da OAB. No mesmo ano, comecei a namorar o homem da minha vida – hoje, meu esposo, Paulo Soares; por quem tanto orei e que o Senhor trouxe de Volta Redonda, Rio de Janeiro, como Ele já havia prometido. Paulo se tornou meu maior desafiador e me ajudou a me tornar a mulher que sou hoje! Nosso casamento foi gerado em Deus, cercado de milagres e provisão do alto. Juntos servimos a Deus e fomos ungidos para o pastoreio.

Na caminhada com Jesus, aprendi que há tempo de perdas e renúncias. As primeiras são inevitáveis, as segundas dependem de nossa confiança em Deus. Ambas provam a nossa fé e nos levam a um nível maior de autoridade, intimidade e recompensa. Não há nada que deixemos pelo caminho que o Senhor não acrescente muito mais, se o nosso alvo for Cristo.

No dia 4 de junho de 2008, fui internada às pressas com um cisto grave no ovário que o necrosou. Havia risco de morte! Uma cirurgia de urgência me aguardava, em que a mão de Deus estaria comigo mais uma vez, poupando a minha vida. Perdi um ovário e tive medo de não conseguir ter filhos.

Chegou o tempo de sermos arrancados, com raízes e tudo, de nosso lugar conhecido. O Senhor disse que o tempo de preparação havia terminado e estava nos levando para outra terra. Em poucos meses, o Senhor nos tirou emprego, planos de advocacia, o convívio com familiares, pais, amigos, irmãos da igreja, o lugar onde nasci e amava morar. Nossas pernas tremiam, o coração palpitava, mas sabíamos que deveríamos obedecer a voz do Senhor.

Vendemos um apartamento em 24 horas. Em 20 dias, estávamos com nossa mudança em Volta Redonda, Rio de Janeiro, e em 3 meses, nos mudamos para Timóteo, Minas Gerias, assumindo uma igreja local como pastores. Na mudança, levamos nossos móveis, nossas roupas e uma filha de 2 meses de gestação no meu ventre, nossa primogênita: Letícia. Uau! Este é o Deus do impossível.

Timóteo é um lugar de maturidade para mim, onde fui provada na minha identidade e desafiada a liderar, onde aprendi que o sustento material vem do alto. Lugar de enfrentar os gigantes da alma: rejeição e medo. Mas também o lugar de alargar tendas e dar frutos. Abrimos novas igrejas por Minas Gerais e fomos abençoados com nosso segundo filho, Pedro, 3 anos depois. Ganhamos uma nova família e fomos honrados pelo Senhor em tudo que realizamos. Foi nesse lugar que Deus me ensinou a ser uma esposa submissa, mãe natural e espiritual, e recebi de Deus o desafio de dirigir uma escola infantil. Jamais sonhei viver tantas experiências!

Passei por outras duas perdas. Uma terceira gestação, que se findou em apenas 2 meses. O Senhor me ensinou mais uma vez que tudo que tenho é dEle, mesmo que eu não possa criar esse filho, eu o tenho na eternidade! Em 2021, minha mãe foi diagnosticada com Alzheimer. Foi um grande choque para mim. Chegou a hora de cuidar de meus pais, em especial da minha mãe, e trazê-los para perto de nós.

Eu pensava: "Logo minha mãe? Uma mulher inteligente, que falava, escrevia e traduzia livros de Medicina em inglês, que vi a vida toda trabalhar fora como secretária executiva". Por 2 anos, pude cuidar dela e oferecer um pouco do que ela me ofereceu a custo de tanto trabalho: foram inúmeras idas a consultas, passeios, mesas de almoço, aniversários. Nos últimos 2 anos, vi minha mãe perdendo habilidades e a memória, enquanto meu coração sangrava a cada semana.

É incrível como o Espírito Santo me ensinou muitas coisas, me revelou uma força que eu não sabia que tinha, me deu capacidade emocional para lutar todos os dias, enquanto eu dizia ao Senhor: "Pai, por que estou vivendo tudo isso? Será que vou suportar?" Em março de 2023, compreendi o que Deus estava fazendo! Através da terapia, o Senhor usou uma amiga pastora, Najala, para me mostrar que eu tinha a oportunidade de rever o relacionamento com minha mãe. Eu precisava ser curada na maternidade e honrar definitivamente minha mãe por tudo que ela fez por mim. Palavras de perdão, amor e reconhecimento foram liberadas da minha boca. Naquela semana, fiz o meu melhor pela minha mãe. Não esquecerei da comida servida com carinho, ao som de um louvor que ela amava.

Na semana seguinte, meu pai foi internado para uma cirurgia de emergência e eu trouxe minha mãe para minha casa. Foi quando percebi que ela estava fraca, as pernas já não firmavam bem e ela mal interagia. Foram uns dos dias mais difíceis da minha vida. No dia 27 de março, minha mãe passou mal e, sentada com ela no sofá, presenciei um infarto fulminante, em que minha mãe se despediu da vida em meus braços. Fiquei sem chão, meu corpo tremia por completo, eu clamava por socorro, minha alma gemia, mas, no profundo do meu espírito, eu sabia que o Senhor estava ali comigo. Ele levou a minha mãe! Era chegada a hora, apesar da minha dor e sentimento de impotência.

Os dias que sucederam, trouxeram clareza de propósito. No luto, compreendi que o Senhor me permitiu reparar o meu relacionamento materno, fortalecer o vínculo familiar para que Ele a levasse. Compreendi também que a maternidade é essencial na construção emocional de uma filha. A perda de minha mãe trouxe um novo significado para a minha maternidade e tem destravado a minha relação com minha filha. Também me confiou um novo ministério, o de mentorear mulheres, em especial jovens e adolescentes, chamado Casa de Hadassa, com uma unção para ministrar mulheres feridas e carentes na maternidade.

O propósito de Deus faz sentido para nós e traz cura para outras pessoas. O Espírito do Senhor me ungiu para pregar boas novas aos quebrantados e restaurar os contritos de coração, como prometeu em Isaías 61.

Inspiro-me na mulher que quebrou o seu vaso de alabastro, derramou o óleo precioso aos pés de Jesus e foi por Ele elogiada! **Não quero ser lembrada neste mundo por tanto que adquiri, mas por tudo que entreguei aos pés do meu Senhor!** Assim como Maria, creio que escolhi a melhor parte, ao viver minha vida aos pés do Mestre.

Caro leitor, o que dá sentido à vida não é o que obtemos para nosso deleite aqui, mas sim o que entregamos para benefício das pessoas e para honra do Senhor Jesus. Acredito firmemente que cada ser humano tem dentro de si um potencial extraordinário que precisa ser liberado pelo agir sobrenatural de Deus! Há riquezas que precisam ser reveladas e precisamos permitir que o Senhor nos ajude nesse processo. Mesmo que as circunstâncias da vida tenham sido desfavoráveis, o Senhor é o Deus da história e cumprirá os Seus propósitos. É o que Ele tem feito em minha vida até meus 44 anos e tenho convicção que muito mais Ele fará!

Convido você a refletir hoje sobre sua história de vida e identificar a mão do Senhor o guiando até aqui por Sua maravilhosa graça e amor. Permita que Ele transforme suas dores, perdas e feridas em um lindo propósito de vida. Ele é especialista em gerar vida onde não há, trazer à existência o que não existe, fazer nascer rios no deserto, fazer do fraco, forte, fazer de uma pessoa comum um grande instrumento em Suas mãos.

"Não quero ser lembrada neste mundo pelo tanto que adquiri, mas por tudo o que entreguei aos pés do meu Senhor."

Carla Soares

Daiane dos Santos

Meu nome é Daiane Aparecida Souza dos Santos, 42 anos, casada há 9 anos com Luis Tiago e mãe do Benjamim. Sou Cristã e tenho um amor muito grande por Jesus em meu coração, porque após entender o verdadeiro significado do Evangelho, passei a ter discernimento e sabedoria acerca do que realmente significa ser um cristão na prática. Moro na capital de São Paulo há 14 anos. Não sou Paulista, sou mineira.

Minha formação principal é contadora. Atualmente estou no terceiro ano do curso de Bacharel em Teologia na faculdade Metodista de São Paulo. Após o término deste curso, pretendo ingressar na faculdade de psicologia por entender que eu tenho um chamado muito especial para trabalhar com pessoas. Atualmente tenho desenvolvido um trabalho na minha página do Instagram sobre como ajudar pessoas com ansiedade, depressão e pensamentos suicida.

daianeap_valorizeavida

+55 (11) 98616-4784

souzad11@yahoo.com.br

08 O VALOR DE UM RECOMEÇO

Por Daiane dos Santos

Após minha colação de grau - Bacharel em Ciências Contábeis na cidade de Uberlândia, Minas Gerais - iniciei o meu primeiro trabalho em um escritório de contabilidade em julho de 2007 e, de lá para cá, são 16 anos de caminhada na minha área de formação. Hoje trabalho na cidade de São Paulo em uma empresa multinacional conceituada no mercado, porém no decorrer do projeto do livro, houve uma reestruturação na empresa e eu fui demitida por não haver recolocação para mim dentro dessa nova estrutura de negócio na qual eu trabalhava. Porém, eu enxerguei nessa demissão algumas possibilidades, e uma delas seria mudar de área. Uma ideia que na verdade eu já tinha em mente, visto que, desde março de 2020, comecei a trabalhar de casa por conta da pandemia e desde então assumi o *home office* e vi o quão vantajoso é trabalhar no aconchego do meu próprio lar sem ter que cumprir horário predefinido e não ter que sair de casa e enfrentar o trânsito de São Paulo que é um caos diário.

Chegar até aqui não foi fácil, mas eu nunca desisti dos meus sonhos, porque sempre fui uma pessoa sonhadora vendo o quanto era difícil a vida que os meus pais tiveram sem nenhuma perspectiva. Eles sempre me incentivaram. Minha mãe, dona Maria, era empregada doméstica e dava um duro danado trabalhando em casa de família, e o meu pai, senhor Manoel, trabalhava na roça, um trabalho muito desgastante. Eles sempre diziam para mim e para meu irmão Alexandre: "estudem para que vocês tenham uma profissão e sejam alguém na vida". E eu sempre carreguei estes conselhos abençoados.

Muitas vezes fiquei desanimada por não ter condições financeiras de poder investir em cursos, como exemplo, um curso de Inglês que eu gostaria muito de fazer, mas os meus pais não tinham condições de pagar. Eu sempre tive pessoas que me motivaram durante essa caminhada e pessoas nas quais também me espelhei. Tenho bons exemplos que se tornaram espelhos para mim. Um casal que me inspirou foi o Milton e a Sônia, eles são contadores e muito bem-sucedidos e eu sempre dizia que um dia eu também iria ser. O Milton havia me prometido trabalho em uma empresa que ele trabalhava aqui em São Paulo, mas naquela época eu ainda morava lá no interior de Minas na cidade de Santa Vitória, minha cidade Natal, tinha apenas 16 anos de idade e, mesmo sem perspectiva nenhuma de vida e sem ainda ter entrado na faculdade,eu guardei essa promessa em meu coração. Com esta idade eu ainda não trabalhava, apenas estudava, então eu falei para a minha mãe que queria trabalhar e tinha uma vizinha nossa chamada Flávia que morava em frente à casa em que morávamos, e que por sinal ela era crente da igreja Assembleia de Deus. Nessa época eu nem imaginava que Deus já havia escrito a minha história e que um dia eu também seria "crente". Pois bem, minha mãe conversou com a Flávia e ela falou sobre o dono de uma loja (famosa lojinha de R$ 1,99) que estava no auge. Minha mãe conversou com o dono da loja, o Clóvis, e ele me contratou para trabalhar meio período e ganhar meio salário-mínimo. Nossa! Para mim foi uma alegria só, pois seria o meu primeiro emprego, isso foi em meados de 1997. Como eu fiquei feliz! Mas eu tinha um sonho de fazer uma faculdade e o que eu ganhava não daria jamais para eu conseguir pagar e os meus pais não tinham condições financeiras de me ajudar, aliás, eu é que os ajudava em casa.

Então, já trabalhando nessa lojinha há quase 2 anos, surgiu uma oportunidade de trabalhar em uma loja de materiais de construção como vendedora, uma superloja, aliás, a única loja de materiais de construção da cidade. Me inscrevi, participei de um processo seletivo e fiquei entre os 10 candidatos. Desses 10, seriam selecionados 3, e foi aí que a minha história profissional começou a deslanchar, pois com esse trabalho consegui ingressar na faculdade em uma cidade vizinha da minha. Nós íamos de ônibus oferecido pela prefeitura da minha cidade e percorríamos, todos os dias, 80 km para chegar na cidade de Ituiutaba; era uma verdadeira peleja porque nem banho eu tomava, ia direto da loja e retornávamos por volta de meia noite.

Conheci um rapaz da cidade de Uberlândia e começamos a namorar. Com 21 anos de idade, muitas coisas começaram a acontecer. Ele é advogado e conseguiu uma oportunidade para trabalhar na área administrativa de uma empresa em que ele prestava serviços de advocacia, e eu com certeza aceitei e fui com a cara e a coragem morar sozinha na cidade de Uberlândia.

Transferi a faculdade e por um tempo morei em uma república com mais três moças de outras cidades diferentes que também trabalhavam e estudavam. Em Uberlândia, aconteceram muitas coisas boas, porém outras ruins, aliás, bem ruins, e como diz o ditado, "comi o pão que o diabo amassou" em um relacionamento totalmente conturbado que não gosto nem de lembrar. Mas vamos lá, porque hoje eu trago na memória que tudo o que eu vivi me serviu como experiência.

Esse rapaz que conheci tinha uma ex-namorada com quem namorou desde a adolescência, isso em torno de 10 anos, e quando eu o conheci, não sabia disso porque por um tempo ficamos namorando, ele em Uberlândia e eu na minha cidade e só depois é que eu me mudei para Uberlândia. Quando eu fiquei sabendo, já era tarde demais porque eu já estava completamente "apaixonada" e pensa num homem feio, gente, só Jesus na causa! O meu irmão me dizia que ele parecia o Sméagol do Senhor dos Anéis de tão feio. Quando completou 6 meses que eu estava morando lá, a ex dele apareceu gravida e advinha de quem? Claro que do meu namorado! A partir de então, minha vida virou um verdadeiro inferno quando eu aceitei participar desse triângulo amoroso porque ela continuou fazendo o papel de ex, mas sendo mãe da filha dele e eu a namorada traída. Dá pra entender? Como aceitar tudo isso? Realmente quem está apaixonado não consegue enxergar um palmo na frente do nariz. E o sonho de me casar com o homem da minha vida e construir a minha família simplesmente foi por água abaixo, mas ainda assim eu fui empurrando com a barriga porque o que me dava forças para continuar era a faculdade que eu estava cursando, pois eu sabia que eu tinha um futuro promissor.

Então mantive esse triângulo amoroso por 4 anos, de 2004 a 2008, até que eu me formei e, enfim, estava com o meu diploma nas mãos. Tinham dias que a minha vontade era de pular de cima de uma ponte ou matar um dos dois de tanto ódio que eu nutria em meu coração. Era tanto ódio que um dia eu parti para cima do meu ex e dei tanto murro na cara dele que eu queria esmagar ele todinho. Que tristeza! Porque ele não assumia nem eu nem ela, na verdade, ele não queria compromisso nenhum, queria somente curtir a vida e, se fosse possível, com duas namoradas. Literalmente "Seu Flor e suas duas mulheres".

Esse relacionamento foi muito frustrante e desgastante. Minha vida era chorar de raiva, ódio, tristeza, mágoa e sei lá mais o que. Meu irmão Alexandre vivia me dizendo que eu era muito otária em aceitar tudo isso.

No final das contas, depois da minha colação, já no final de 2008, quem me aparece grávida novamente? Dou um doce se você leitor adivinhar! Pois é, a dita cuja da ex engravidou pela segunda vez e o meu ex ainda teve a audácia de dizer que iria fazer DNA para saber se o filho era mesmo dele, porque ele mesmo não tinha "certeza". Faz-me rir! Aqui então foi a gota d'água para mim. Deu! Eu levantei a bandeira branca e tirei o meu time de campo como perdedora mesmo. O meu sonho de construir a minha família foi destruído, literalmente. E foi aí que decidi abandonar todo o meu sofrimento nesse relacionamento conturbado e voltar para a minha cidade natal, Santa Vitória, e sei lá o que eu ia fazer da minha vida, a única coisa que eu tinha de valor era o meu tão sonhado diploma. E agora o que eu faço da minha vida?

Era dezembro de 2008 e o meu irmão Alexandre ligou na minha casa. Quando eu disse pra ele o que havia acontecido, ouvi ele me dizer: "Até que enfim você deixou de ser otária". Pois é, eu tive que ouvir isso e o pior é que ele tinha razão. Mas não ficou por aí, meu irmão, usado por Deus, e eu acredito fielmente nisso, me falou: "Você não vai ficar aí em Santa Vitória porque se você ficar, o seu ex não vai te dar sossego, como ele já te infernizou por tantas vezes, então eu vou te buscar no ano novo. Você vem morar comigo em São Paulo e aqui você terá muitas oportunidades". E eu novamente não pensei duas vezes, com a cara e a coragem, uma mão na frente e outra atrás, nem as malas tinha desarrumado, do jeito que estavam, eu trouxe para São Paulo.

Depois de muitas intempéries vividas na cidade de Uberlândia, vim para São Paulo com 27 anos de idade e, foi aqui, que a minha carreira profissional e a minha vida pessoal foi se desenhando. Recomecei minha vida do zero. Cheguei em São Paulo no dia 3 de janeiro de 2009 e, depois de 2 anos, lembra aquela promessa feita pelo Milton que iria me colocar na empresa que ele trabalhava? Pois é, no dia 1 de dezembro de 2011 eu entrei na empresa Cyrela Brazil Reality. Com 31 anos de idade e nova convertida, pois me converti aqui em São Paulo, meu irmão e minha cunhada me apresentaram a Jesus. Depois disso orei a Jesus para que Ele enviasse um rapaz que fosse crente para eu perseverar nos caminhos de Jesus junto com ele e, então, conheci um homem valoroso, um grande homem de Deus e muito crente, hoje, meu esposo Luis Tiago. Sim, namoramos 1 ano, ficamos noivos por mais 1 ano e nos casamos no dia 15 de novembro de 2014. E advinha onde o conheci? Na empresa onde me foi prometido um trabalho há 15 anos e eu nem imaginava que além da promessa de emprego em uma grande empresa, lá também conheceria o amor da minha vida.

E assim Jesus mudou minha história, as promessas começaram a se cumprir e, no dia 16 de dezembro de 2022, aos 41 anos de idade, nasceu o nosso primeiro filho Benjamim, e a nossa família tem sido abençoada e estruturada nos caminhos de Jesus. Deixo aqui um conselho: Recomece sempre que for necessário, pois eu aprendi com a minha experiência, que recomeços podem dar certo. Então nunca desista dos seus sonhos.

"Recomece sempre que for necessário, pois eu aprendi com a minha experiência, que recomeços podem dar certo. Então nunca desista dos seus sonhos."

Daiane dos Santos

Daniele Fagundes

Meu nome é Daniele Fagundes, tenho 44 anos, e sou natural de Campinas, São Paulo. Atualmente, resido em Boston, Estados Unidos, com minha família. Sou casada há 20 anos com o Pastor Samuel Fagundes e mãe de Ana Luiza.

Minha atuação se estende nas áreas de missão e pastorado. Sou também Analista de Perfil Comportamental, formada pelo Soar da Florida Christian University, e Life Coach. Sou a criadora do Unique Seminar, um programa que visa a transformação do corpo, alma e espírito.

A graça que me alcançou e o autoconhecimento adquirido em minha jornada com Deus foram fundamentais para descobrir e abraçar meu verdadeiro propósito. Meu desejo mais profundo é ajudar aqueles que perderam o sentido da vida, guiando-os ao encontro com Aquele que deu Sua vida para salvá-los.

pradanielefagundes

Chosen_unique

danielecoach@hotmail.com

09 RESGATADA PELO PAI

Por Daniele Fagundes

O amor que não alcancei por uma ausência em minha alma foi o que me resgatou na minha essência. Em um coração que sentia que não era digna de viver, ele me provou que eu fui vencedora ao simplesmente nascer.

Aos dois anos e meio de idade, meus pais se separaram e isso causou em mim uma grande ferida.

Em um mundo onde as sombras da solidão se estendem longas e frias, a pequena alma encontrou-se perdida na escuridão da separação e da ausência. Quando as asas da inocência ainda deveriam ter o calor do amor paterno, vi meu mundo fragmentar-se. Uma figura outrora imponente e amorosa, tornou-se uma memória distante, perdida nas névoas do alcoolismo. Fomos morar com meus avós, um desafio para a minha mãe.

DOR DA ALMA

Quando o silêncio da dor era expressado por enurese e ansiedade, comecei a desejar a morte na infância e tomei medicações com vinho para tentar morrer, mas minha prima Andressa percebeu e pediu para eu colocar o dedo na garganta. Em lágrimas coloquei tudo para fora e Deus me livrou; escondi isso por anos.

Mesmo nos corredores escuros da dor, onde a esperança parecia uma chama frágil, havia uma luz que nunca se apagava. Aos domingos, meu avô, um homem de fé inabalável, me levava à igreja. Lá, encontrava refúgio, um oásis onde minha alma sedenta podia beber da esperança. Com a simplicidade de uma criança, eu escrevia cartas para Deus, derramando meu coração em palavras que eram mais do que letras no papel, fragmentos de um coração partido buscando ser inteiro. Então minha mãe se casou novamente. A mudança gerou em mim esperança e alegria, enfim, um lar.

Mantinha minhas cartas de oração de criança pelo meu pai: "Salva meu pai Jesus". Mas nessa transição eu também deixei a igreja e me aproximei do mundo. A adolescência trouxe novos desafios, uma tempestade de emoções. A rebeldia era minha armadura, um escudo frágil contra a dor que me consumia. A depressão, essa sombra fria e implacável, me envolvia em um manto escuro. Mas mesmo nas noites mais escuras da alma, uma mão estava estendida, invisível, mas sempre presente.

Eu escondia um segredo, uma ferida que sangrava. Construí um muro para a minha dor, andava como autossuficiente, a fim de me proteger. Por isso era incompreendida, não conseguia demonstrar o quanto me sentia excluída e infeliz, disfarçando estar bem. E mais uma vez tentei suicídio, tomei comprimidos com bebidas. Uma amiga me socorreu e levou para o hospital. Comecei a fazer terapia e a tomar ansiolíticos, pois existia uma força muito grande para eu não viver. A batalha na minha mente era muito intensa e uma perseguição constante. Queria algo que estava tão perto de mim, mas eu não conseguia acessar, o amor e afeto.

Muitos que sofrem com a depressão se expressam de forma diferente e os que estão perto não conseguem enxergar. Às vezes, por trás de uma rebeldia se esconde uma dor, uma falta, uma carência ou ausência. Por isso abrace muito os seus, olhe nos olhos. Declarem seu amor, falem, se expressem.

RESGATADA

Acordei em uma segunda-feira angustiada e mais uma vez disposta a tirar a minha vida. Essa "solução" era recorrente em mim. Vinha em minha mente, culpa, medo, uma série de frustrações. Eu não tinha estrutura para enfrentar, era demais para mim.

Decidi: "hoje tudo acaba". Entrei no ônibus, sentei-me no último banco. Mas Deus tem anjos ao Seu serviço. Então, em um momento de desespero profundo, quando a escuridão parecia impenetrável, um estranho, movido por Deus, além da compreensão humana, falou-me palavras de vida: "Não faça o que você está pensando em fazer", Jesus te ama. Essas palavras foram como um farol na noite, me guiando de volta para a segurança, para a luz. Ele disse: "você quer ir à igreja hoje?" Eu não quis responder naquele momento, mas o deixei descer no ponto e desci no próximo. Cheguei na igreja e me sentei nos últimos bancos, pensando "eu sou uma perdedora", "acabe com essa dor". Não conseguia pensar em continuar, nem alcançar a solução dos meus problemas. Estava em um poço vazio e solitário. Eu não imaginava que o socorro havia chegado, que o céu havia dado uma ordem. E Ele veio, me recebeu, me alcançou. Era como se o próprio céu se abrisse e me envolvesse em seu abraço. Naquele momento, eu não era mais a criança perdida, a jovem rebelde. Eu era amada, preciosa, uma joia nas mãos do Criador. E assim, da escuridão da noite, eu emergi, fui resgatada pelo amor de um Pai que nunca havia abandonado. Onde cada banco parecia ecoar as histórias de almas buscando conforto, encontrei o meu lugar. Era um canto modesto, mas para mim, era o lugar de uma transformação divina. A igreja lotada, pessoas em pé e ninguém se sentava naquela cadeira, eu pensava: "até aqui as pessoas não sentam do meu lado". Quando o pastor pegou a Palavra, ele já foi declarando: "Entrou uma jovem aqui nessa noite e ela disse que hoje era seu último dia e que ninguém quis se sentar ao lado dela. Ei, jovem, o Senhor estava sentado aí do teu lado todo tempo e Ele te ama". O pastor, falando com a autoridade do amor que só a verdadeira fé confere, falou comigo. Não eram meras palavras no ar, mas sim, a promessa real do céu sobre mim: "Deus colocou um fim nessa maldição", ele proclamou, "Você é bem-vinda aqui. Venha para o altar, eu quero orar por você."

PODER DO ALTAR

Eu fui conduzida ao altar por um casal que orou comigo. Eu só me prostrei e recebi do alto da minha cabeça aos meus pés aquela presença gloriosa. Como um diamante Ele me encontrou, me escolheu e me senti pertencida a um Deus que me amou primeiro.

Eu recebi dentro de mim um encontro com meu DNA, quem realmente eu era e quem tinha nascido para ser. O DNA de escolhida, vencedora, de que a dor não me controla. As lágrimas que caíram naquele dia não eram de desespero, mas de libertação. Eram como pérolas preciosas, testemunhas silenciosas de um encontro sagrado. A cada passo em direção ao altar, sentia o peso do mundo se desfazendo, desintegrando sob a luz da graça. No altar, onde o céu toca a terra, me prostrei, em minha mais profunda vulnerabilidade, encontrei minha maior força. Emergi daquele momento não como a menina quebrada pelas tempestades da vida, mas como uma criação renovada, resplandecente na glória de um amor que transcende a compreensão humana. Como um diamante formado sob a pressão imensa, eu brilhava com a luz de quem havia sido escolhida, amada e resgatada.

As lágrimas são palavras caindo no solo da fé. Sem mesmo você saber há um Deus criador do universo que rege todas as coisas e que irá te levar a seguir os passos do céu em direção de sua presença gloriosa. Você não está só, se for preciso, Ele envia um anjo para te socorrer. As dores e as dificuldades não são para colocar um fim na sua vida, mas sim uma preparação para algo maior.

E assim, me levantei, não mais como a menina que entrou naquela igreja, mas como um testemunho vivo do poder transformador do amor de Deus. Me tornei mensageira da esperança, uma voz que sussurra aos corações partidos que há um caminho (João 14:6).

Me tornei prova viva de que, mesmo nas noites mais escuras, a alvorada da graça está apenas a um clamor de distância.

O Salmo 139 ecoava no meu coração, lembrando de que sou conhecida e amada desde o mais íntimo do meu ser, e a jornada da minha alma resgatada é um convite a todos os que anseiam por um toque de redenção. "Pois Tu formaste o meu interior; Tu me teceste no ventre de minha mãe", revelando a profundidade do amor de um Deus que nos conhece desde antes de nosso primeiro suspiro. Uma doce melodia que falava de um Deus que conhece cada pedaço de nossa existência, que nos tece no ventre, que nos vê quando estamos acordados e quando dormimos. Compreendi, talvez pela primeira vez, que minha sede e fome só poderiam ser saciados por Aquele que é a Água e o Pão da Vida.

No Salmo 120:1, diz: "Na minha angústia clamei ao SENHOR, e ele me ouviu".

O convite, transformador que o Espírito Santo fez a mim naquele ônibus, na autoridade do nome de Jesus eu libero sobre sua vida. Aquele jovem foi usado pelas mãos de Deus, ele salvou uma vida, ele escutou a voz do Espírito. Assim eu ordeno sobre sua vida agora, se renda, se entregue, receba o toque do Senhor agora. Jesus tem todo o poder no céu e na terra. Os montes o obedecem, o vento escuta a Sua voz, as ondas do mar se acalmam diante da Sua palavra, a doença atende à Sua ordem, os demônios se rendem à Sua autoridade, os inimigos prostram-se diante dos Seus pés. Ele tem poder para libertar você. O amor de Jesus encoraja você a vir a Ele. Cristo ama você e importa-se com você. Ele foi à cruz por você. Ele o ama com amor eterno.

Após minha conversão, minha família foi alcançada; meu pai, mãe e familiares foram salvos e servem a Jesus. Deus me deu família, ministério e uma filha. Hoje, eu e meu esposo somos missionários nos EUA onde lideramos uma igreja onde centenas de pessoas receberam a Jesus.

Você, que lê estas palavras, talvez carregando o peso de feridas não vistas, de sonhos despedaçados ou de uma solidão que ecoa nas câmaras vazias do seu coração, há um convite esperando. É um chamado para experimentar o amor que não apenas preenche, mas transborda, o amor que resgata, restaura e renova.

Você também pode encontrar um novo começo, um renascimento na presença de um Pai celestial que anseia por curar cada ferida e enxugar cada lágrima. Jesus estende a mão a você agora, assim como fez comigo. Ele não é um Deus distante, mas um Salvador pessoal, que caminha ao seu lado em cada passo, que conhece suas lutas e anseia por lhe dar descanso.

Abra o seu coração para essa experiência transformadora. Deixe que a verdade do Salmo 139 seja a melodia que guia você para os braços acolhedores do Pai. Lá, na presença Dele, você encontrará não apenas refúgio, mas também a promessa de um novo amanhecer, brilhando com a esperança e a alegria de uma vida resgatada e plenamente vivida em Cristo. Este é o convite para você hoje: venha e experimente o amor que resgata, o amor que nunca falha. Venha e conheça Jesus, o autor da sua fé.

"Sua maior dor poderá ser o solo fértil onde brotará sua maior missão de vida".

Daniele Fagundes

Elem Pereira

Sou Elem Pereira, natural de Belém/PA. Há 3 anos, resido em Canaã dos Carajás/PA, uma cidade que está em pleno desenvolvimento no Sudeste do Pará. Resido com o meu bem mais precioso, que é a minha família: Angelo Pereira, com quem sou casada há 14 anos, e o meu filho de 12 anos, João Marcos.

Sou filha amada de Deus, escolhida para fazer a diferença onde Ele me direcionar, para Sua glória. Sou uma pessoa com o coração transbordando de gratidão e fé. Carrego em mim, com a força que vem de Deus, um desejo grande de anunciar o Evangelho de Jesus, a começar pela minha vida. A coisa mais extraordinária que me aconteceu foi o dia em que aprendi a confiar plenamente nEle. A Ele a glória, eternamente, amém.

elemrodriguespereira

+55 (91) 98412-7750

elempereira2015@gmail.com

10 REPOUSANDO NO PROPÓSITO DE DEUS PARA A MINHA VIDA

Por Elem Pereira

Toda história de vida é importante. Hoje, tenho a oportunidade de lhe contar um pouco da minha e acredito que, em algum ponto, irá encontrar com a sua.

Aos 42 anos, posso dizer o quanto me sinto plena por viver a vida abundante que Deus concede aos Seus filhos. Tenho convicção do meu propósito, mas essa certeza não veio da noite para o dia, houve um trajeto cheio de inseguranças e inquietude, em que o meu coração não repousava inteiramente na presença de Deus e me pairava a dúvida se de fato eu estava vivendo o plano que Ele tinha para mim. Isso me fez percorrer caminhos que eu achava que seriam o tal propósito de vida, mas não eram. Pelo menos, extraí dessas experiências aprendizados necessários para o que estou vivendo hoje. Sem me culpar por não ter tomado consciência disso tudo bem mais cedo e, sim, celebrando com alegria o fato de ter me conscientizado a tempo!

Fomos criados à imagem e semelhança de Deus para que pudéssemos desfrutar de íntima comunhão com o Senhor e glorificar Seu nome diariamente. Enquanto não compreendemos essa verdade, o nosso coração fica vagando por diversas trilhas, vivendo as emoções do momento, que não são eternas.

Deus colocou em nós a Sua essência, quando nos deu o sopro de vida. Como Criador, Ele ditou as regras para o bom funcionamento de Sua criatura, entregando o manual com Seus princípios: a Sua Palavra. Quando seguimos Suas instruções, a vida flui naturalmente e de forma extraordinária, pois estamos no centro da vontade de Deus.

Ter comunhão com o Senhor é um privilégio que Ele nos concede gratuitamente. Porém, muitos que se dizem cristãos, ainda não tomaram consciência da sua riqueza em Cristo Jesus e vivem como mendigos, dependendo de palavras de homens, enquanto já temos a Palavra de Deus à nossa disposição e podemos desenvolver com o Senhor uma comunhão diária, pois Ele é o pão da vida. É caminhando nessa comunhão com Deus que o propósito nos encontra.

Essa é uma verdade que precisamos compreender: fomos criados para viver em comunhão com Deus e Ele projetou as famílias para iniciarmos a nossa jornada nesse mundo. Ao entender isso, nossa vida passa a ter sentido, pois é a nossa configuração inicial, a nossa essência no Senhor.

É real! Depois de tantos caminhos trilhados distantes dessa verdade, posso dizer que entendi e quero propagá-la para que mais pessoas tenham seus pensamentos cativos à obediência de Cristo e aos princípios bíblicos. E não estou falando de religião, muito menos de religiosidade, estou enfatizando a comunhão, a vida diária com Deus. Isso é uma mudança na mente, fruto da comunhão através da Palavra de Deus.

Aparentemente, é algo tão simples, que muitos dizem saber, mas não vivem verdadeiramente. Eu era uma das que dizia saber, mas não compreendia propriamente. É aquela história: "Eu sei de Cristo, do Evangelho, mas não ando com Ele". Jó retratou essa máxima: "*Meus ouvidos já tinham ouvido a teu respeito, mas agora os meus olhos te viram.*" - Jó 42:5.

Hoje, me apropriei desta verdade, considero-me filha amada de Deus, redimida, justificada, rica com toda sorte de bênçãos espirituais, pelo que Cristo fez na Cruz, eu creio nisso e me sinto uma bem-aventurada.

Essa verdade se conectou mais ainda em minha vida quando fiz o curso Experiência do Lar de autoria da Deivi Titus; "os fios que ainda estavam soltos" em minha mente se conectaram e, então, meu coração se aquietou na doce presença de Deus, em viver os Seus princípios. Foi selado definitivamente a questão da comunhão íntima com o Senhor e a função da família. Li uma frase esses dias, rolando o feed do Instagram: "Você não é responsável pela família que você nasceu, mas você tem responsabilidade na família que quer construir".

Essa é a base para que você compreenda seu propósito de vida. Na sequência, cada um tem um propósito em Deus de como e através de qual profissão você vai resplandecer o brilho dEle na vida social.

Se Deus lhe designou para servi-lO na profissão de médico, acima disso, você será um homem servo de Deus. Se Deus lhe designou para ser uma professora, acima disso, você será uma serva de Deus. E, mulher, se Deus lhe escolheu para não desenvolver nenhuma profissão fora de casa, se realize cuidando do seu lar, como guardiã, e pode ter certeza de que quando você compreender isso, viverá a plenitude de Cristo. Seja como for, que sejamos fonte de bênçãos na vida de outros e para a glória de Deus. O importante é você entender seu propósito de vida, a começar na essência da comunhão com o Senhor.

Deus me fez uma pessoa comunicativa e criativa, e me presenteou com o dom de mestre, tudo que me dedico a estudar, eu aprendo. Isso é uma dádiva. E por ter essa facilidade, poderia me encaixar em diversas áreas. Exerci a profissão de professora por quase 20 anos; atualmente, atuo como coordenadora de projeto social e tenho um canal de comunicação sobre a cidade onde moro. Em cada uma dessas funções, sei que transmito a mensagem de fé e esperança de Cristo através do meu caráter, e me esforço para isso. Sou humana e posso sim errar, mas busco sempre consertar e ser melhor a cada dia.

Por um breve momento da minha vida, passei pelo *coaching*, que me fez usufruir de ferramentas que me auxiliaram e motivaram a ser mais organizada possível. Hoje estou no mundo do empreendedorismo, no qual aprendi e desenvolvi técnicas que jamais aprenderia em outros lugares. Por um instante, pensei em ficar nessas áreas para florescer como mentora, mas não, aprendi o que deveria aprender nessas áreas e levo para a vida! E quantas vezes precisar passar novamente, irei como aluna e admiradora.

Não que seja errada a jornada do *coaching* ou do empreendedorismo, pelo contrário, são bênçãos para o desenvolvimento humano, mas para mim, apenas passagem, as minhas energias e todo potencial que Deus me concedeu, vão em levar a causa do Evangelho como uma embaixadora de Cristo por onde eu for. Entendi que sou comunicadora das boas novas, do Evangelho, onde eu estiver. O curso que mais me aproxima dessa causa é o Experiência do Lar. Hoje, sou mentora e faço parte dessa revolução de voltar aos princípios da Palavra de Deus, a começar no lar.

Quero deixar registrado aqui que, antes de me casar e até depois, essa foi uma das minhas incontáveis orações; eu dizia a Deus: "Eu quero ter um lar, um lugar de amor e paz com minha família". E para a glória de Deus, eu vivo isso. Como sou grata a Ele por essa bênção. Eu tenho a paz de Deus e vou aprendendo e ajustando o que precisa ser ajustado com a ajuda dEle. Com o sentimento de estar vivendo o propósito de Deus para a minha vida!

Contei esse breve relato com o objetivo levá-lo a refletir e inspirar sobre propósito de vida, enfatizando a importância da comunhão com Deus através dos Seus princípios, buscando cada dia mais aprender dEle em Sua Palavra nos momentos dedicados ao devocional e, como diz no livro de Oséias 6:3, "*conheçamos o Senhor; esforcemo-nos por conhecê-lo*".

Esse é o meu clamor por mim e rogo por você, caro leitor: que nunca percamos a essência de reconhecer a grandeza de Deus e, quanto mais a conhecermos, mais reconheçamos nossa pequenez e dependência dEle, seja nos dias bons ou nos dias maus, em todo tempo, Ele cuida daqueles que aprenderam a confiar nEle plenamente.

Rogo também por você, que porventura ainda não desfruta da plenitude do amor de Deus, que você O conheça não somente de ouvir falar, mas que sinta e veja a grandeza do amor dEle para viver o propósito de vida que Ele tem para você.

Carrego comigo essa certeza e sempre vem à minha memória o dia que, definitivamente, aprendi a confiar. Como diz o louvor do Paulo César Baruk:

"Um dia a gente aprende a confiar / Em um Deus que faz milagres / Que ouve a nossa oração / Que se faz presente aqui / Um dia a gente aprende a dar / Um passo só de cada vez / Mas sem duvidar".

E a canção dos meus lábios será sempre: "Porque dEle, por Ele e para Ele são todas as coisas. A Ele, seja a glória, eternamente. Amém.".

“Meu coração repousa na paz que excede todo o entendimento.”

Elem Pereira

Elisa Vaz

Eu me chamo Elisa Vaz, sou pedagoga, pós-graduada em psicopedagogia e tenho a oportunidade dada por Deus de liderar, como pastora, a igreja Avançando com Cristo, situada no Rio de Janeiro.

Na minha jornada com Cristo, tenho pessoas especiais: sou casada com o pastor Marcos Paulo Vaz, meus pais são pastores, Noemia Fernandes e Eugênio Pereira e meu irmão é diácono, Esténio Fernandes.

Amo a palavra de Deus e tenho alegria em participar desse livro Histórias escritas por Deus. E com muita alegria, vejo como Deus, desde o nosso nascimento, escreve a nossa história em detalhes. Somos abençoados por Ele ser o Autor das nossas vidas.

prelisavaz

+55 (21) 98883-0296

elisa893@ymail.com

11 NINGUÉM NUNCA ACREDITOU, MAS O AUTOR ESCREVEU

Por Elisa Vaz

A nossa história tem um significado muito importante, do nascimento até os dias de hoje, Deus tem um cuidado especial. Ele acreditou quando ninguém acreditava. E, não foi diferente comigo. Meu pai carregava uma promessa de Deus, embora afastado do propósito, a minha mãe nunca tinha conhecido o verdadeiro Deus. Apesar das circunstâncias, eu nasci porque havia uma promessa, em um lugar improvável chamado Tinguá, localizado na baixada fluminense do estado do Rio de Janeiro.

Uma menina que Deus disse aos pais: "Cuidem dela, pois farei uma grande obra". No ano de 1999, meu pai retornou para a presença de Deus juntamente com a minha mãe que aceitou a Jesus; e eu estava com eles. Não foi fácil, meu pai sempre foi um bom homem, porém nervoso, e foi um processo muito delicado. Mas a minha mãe nesse momento, tornou-se uma mulher de oração, carregando consigo um versículo: "*Portanto, meus amados irmãos, sede firmes e constantes, sempre abundantes na obra do Senhor, sabendo que o vosso trabalho não é vão no Senhor*." - 1 Coríntios 15:58. Esse versículo ela carrega em seus lábios, e deu forças no decorrer da caminhada.

Toda família tem dificuldades, entretanto, a perseverança em buscar a Deus faz a sua história continuar sendo contada. Nunca desista da sua família, por mais que na caminhada episódios desagradáveis aconteçam, sua continuidade é fundamental para obter sucesso nos capítulos da vida.

Em 2000, eu estava com 7 anos de idade, e meu sonho era passar pelo batismo nas águas. Porém a igreja tinha normas em relação à idade certa. O saudoso pastor Jorge Mendonça disse: "Se você receber dons do Espírito Santo, podemos pensar sobre seu batismo nas águas". E assim aconteceu, o Espírito Santo me visitou naquele dia, contundo somente com a idade exata passei pelo batismo nas águas, o melhor dia da minha vida.

No ano de 2002, minha família ficou completa com o nascimento do meu irmão. Aos poucos Deus foi escrevendo a minha história, naquele lugar simples, no meio do "mato", uma menina que nasceu sempre amando a palavra de Deus e sendo ensinada pelos meus pastores José de Oliveira (em memória) e Sônia que foram instrumentos no início do meu ministério.

Nesse mesmo tempo, Deus fez uma promessa aos meus pais dizendo que nos levaria a um novo lugar, tendo usado o seguinte versículo: "*Sai-te da tua terra, da tua parentela e da casa de teu pai, para a terra que eu te mostrarei.*" - Gênesis 12:1-2.

A página estava começando a ser escrita e, com 15 anos de idade, Deus me trouxe a uma cidade com a permissão dos meus pais e através de um casal de pastores, Edineia e Luiz Barbosa. Conhecemos a terra da promessa; logo em seguida, se concretiza a seguinte promessa: "Farei de vocês uma grande nação".Nesse momento, o Autor estava escrevendo um novo capítulo da história.

O que Deus fala sempre vai se cumprir, Ele nos trouxe a São João de Meriti, e ao longo do tempo, começamos a fazer a obra de Deus. Aos 18 anos, me casei com Marcos Paulo Vaz, ainda diácono, e eu, uma jovem pregadora. Mesmo casada nunca deixei de caminhar com minha mãe e meu irmão, e hoje consigo compreender o propósito de Deus em nossas vidas.

Um certo dia, fui até a casa do meu saudoso tio Eli, e ele, como muita autoridade do Espírito Santo, falou para começarmos uma oração em nossa casa. E Deus através dele continuava a dizer: "Enquanto Deus me toca para dizer a você, nesse momento, o seu esposo está sendo visitado e o Senhor fala a ele também". Realmente esse era o propósito de Deus, a oração começou na minha sala e ficou por um curto período, e assim, logo alugamos um espaço. A igreja Avançando com Cristo nasceu no coração de Deus e mudou a minha vida, trazendo novas responsabilidades e desafios.

E foi algo desafiador: os primeiros membros era a minha família. Éramos apenas cinco, mas sempre acreditando na promessa. Como está escrito: "*E não duvidou da promessa de Deus...*" - Romanos 4:20.

Neste mesmo tempo, um dos meus maiores sonhos aconteceu: entrar para faculdade, pois Deus tinha dito que abriria essa porta. E o Autor é fiel em Suas promessas, hoje sou formada em Pedagogia e especialista em Psicopedagogia, orientação educacional e supervisão escolar. Sou a única da família por parte de pai a concluir o Ensino Superior, e a segunda da família por parte de mãe. Vejo em tudo isso que o Autor da minha vida sempre cuidou de mim em cada detalhe. "*Mas, como está escrito: As coisas que o olho não viu, e o ouvido não ouviu, e não subiram ao coração do homem, são as que Deus preparou para os que o amam.*" - 1Coríntios 2:9.

O tempo foi passando, ninguém acreditava que a igreja iria crescer, mas o Autor já havia separado um lugar, e no período da pandemia, a ordem era crescer e avançar. O Senhor sempre esteve conosco, de 5 membros formamos 10. E de 10 membros, chegamos a mais de 100 pessoas. Nesse período, Deus me ensinou a fazer propósito de oração, com diversas subidas ao monte, meu segredo para vencer foi permanecer de joelhos em oração. Eu sempre tinha uma certeza de que Deus lê a letra do papel e, às vezes, eu escrevia pedidos para obter recursos para construir a obra. Esse é mais um testemunho que vou registrar: "*Porque para Deus nada é impossível.*" - Lucas 1:37.

Um dia, no monte orando com as mulheres, Deus levou para lá uma serva dEle. Eu estava orando com rosto no chão, e ela se dirigiu até a mim, eu olhei, e ela disse: "Estou aqui porque Deus mandou comprar a laje da igreja". Deus sempre cuidou da nossa igreja, enviou som, instrumentos. As nossas orações sempre são atendidas, precisamos crer somente. "*...Não temas; crê somente.*" - Lucas 8:50.

Em 2021, Ele me mostrou a autoridade e o poder em usar as nossas vidas para ganhar muitas almas para o Reino de Deus. Comecei a ministrar na minha cidade para muitas pessoas, e principalmente para mulheres, com temas como:

- Sifrá e Puá: parteiras que lutam pela vida!
- Miriã: a guardiã da vida!
- Rute: sempre tem um recomeço!
- Ester: o seu posicionamento salvará um povo!
- Raabe: acreditou e entrou para história!

Esses temas fazem parte dos principais eventos na minha casa espiritual como, o chá de mulheres que acontece anualmente; cerca de 250 a 300 mulheres recebendo de Deus tanto estas quanto várias outras palavras e mensagens para a vida de cada mulher, com realizações de milagres e libertações. É grandioso contemplar as maravilhas do nosso Senhor.

Eu nunca estive só durante essa caminhada, Deus levantou e trouxe para perto, amigos e intercessores para juntos continuarmos uma jornada no Reino: Miss. Ingrid Guimarães, Pr. Mateus Guimarães, Ev. Mateus Martins, Miss. Amanda Teixeira, Miss. Luiza Helena e Ob. Brendo. *"E, perseverando unânimes todos os dias no templo, e partindo o pão em casa, comiam juntos com alegria e singeleza de coração."* - Atos 2:46.

E assim, guardo em meu coração os conselhos que recebi da minha mãe e do meu irmão, que sempre estiveram comigo e não me deixariam sozinha, por mais difícil que fosse o processo. E como sempre a palavra estava junto a mim, o Senhor confirmava dizendo: *"Esforça-te, e tem bom ânimo; não temas, nem te espantes; porque o Senhor teu Deus é contigo, por onde quer que andares."* - Josué 1:9.

Vivemos um tempo em que Deus mudou não só a minha história, mas a de muitas outras pessoas que chegaram até o ministério Avançando com Cristo. Deus visitou lares que estavam destruídos, casamentos que estavam arruinados e foram restaurados, pessoas que eram entregues às drogas, bebidas alcoólicas, às práticas de prostituição, que sofreram abusos, que sofriam com depressão, ansiedade e que carregavam vários traumas, pessoas com câncer que eram curadas,entre várias outras histórias que, além de testemunhos, tiveram um recomeço. *"Quando o Senhor Deus nos trouxe de volta para Jerusalém, parecia que estávamos sonhando. Como rimos e cantamos de alegria! Então as outras nações disseram: O Senhor fez grandes coisas por eles!" De fato, o Senhor fez grandes coisas por nós, e por isso estamos alegres."* - Salmos 126:1-3.

Esse Autor decide trazer vida, alegria, e Seu movimento é tão grande que a cada dia Ele acrescenta um novo capítulo inédito em nossas vidas. Jamais desista de acreditar, mesmo que algumas circunstâncias aconteçam. Pois mesmo sendo pastora, não fui isenta de lutas. Meu tio Eli, o que sempre acreditou no meu ministério, Deus recolheu. No seu último dia em vida, ele falou: "Minha filha, não desista! Sua caminhada é longa, não desista!". Me lembro que nesse momento o Senhor me entregou uma palavra: *"Deus não vai isentar você dessa dor, levante-se!". "Levanta-te, pois, agora, passa este Jordão, tu e todo este povo, à terra que eu dou aos filhos de Israel."* - Josué 1:2.

Pessoas podem morrer, mas as promessas continuam vivas. Eu sou uma extensão da promessa, estou viva para contar que o propósito somente acontece com você sendo o protagonista, por isso, se levante e vá.

Eu sei que, para cada idade, Deus tem uma promessa para concretizar em nossas vidas. Um dia me sentei em minha sala e pensei: "Vou escrever um livro", e no mesmo dia, horas depois, Deus me presenteou mais uma vez, e estou aqui para contar através deste livro, que precisamos acreditar que a nossa vida é importante. Não pense que você é incapaz, a sua história é escrita por Deus, nascemos para viver o sobrenatural, o Senhor faz além da nossa realidade.

Realmente como protagonista dessa história, pensei inúmeras vezes em parar, deixar de lado as promessas, mas ainda bem que Deus sempre foi misericordioso, e apesar dos desafios da vida e da rotina intensa de trabalho, foi um ano de coragem! Não podemos retroceder, mesmo que as situações aconteçam em sua volta, guarde essas palavras: Não desista!

Não desista do propósito, a sua persistência levará você a lugares que nunca imaginou. *"E sabemos que todas as coisas contribuem juntamente para o bem daqueles que amam a Deus, daqueles que são chamados segundo o seu propósito."* - Romanos 8:28

Deus escreveu a minha história, e por onde passo levarei esse testemunho do cuidado dEle para comigo, e creio que a sua história também vai ser contada. Portanto, mais uma vez: Não desista!

"Mas em todas estas coisas somos mais do que vencedores, por aquele que nos amou." - Romanos 8:37

"Para cada idade da sua vida existe um propósito. Em uma página em branco, Deus irá escrever uma grande história. NÃO DESISTA!"

Elisa Vaz

Bpa. Elisandra Leal

Sou Elisandra Leal, natural de São Paulo, capital, sou casada há 26 anos com Evandro Leal e juntos temos quatros lindos filhos: Bruna, Beatriz, Daniel e Samuel Leal. Sou administradora, escritora, psicanalista clínica e pastora fundadora da Igreja Evangélica.

Força para Viver (IEFPV), juntamente com meu esposo, desde 2006. Também sou inspiradora e fundadora do Movimento Mulheres que levantam Mulheres (MMQLM), desde julho de 2019.

bispaelisandraleal

mqlmulheres

bispaelisandra.leal@gmail.com

12 FILHA AMADA

Por Bpa. Elisandra Leal

Refletindo um pouco sobre um propósito específico de Deus sobre nossas vidas, precisamos estar atentas, pois quando permitimos que opiniões alheias influenciem o que Deus já colocou em nosso coração, seremos roubadas do propósito que Ele já determinou e isso é um grande risco.

A cada dia que passa fica mais claro e próximo o projeto que o Senhor falou ao meu coração sobre o cuidado de muitas mulheres. Aos 24 anos de idade já ministrava mulheres e contemplava a grande ação de Deus através do discipulado. Já são mais de 25 anos e ainda me alegro aos ver mulheres libertas e restauradas pela Palavra de Deus e que, em pouco tempo, são instrumentos nas mãos Dele para levantar outras mulheres. *"O caminho de Deus é perfeito"* - 2 Samuel 22:31.

Em 2021, ainda vivendo um tempo de pandemia, o Senhor me inspirou a escrever um livro intitulado *Mulheres que levantam mulheres*, mostrando que é possível ser mãe, esposa e profissional, pois trabalho desde muito menina; eu tinha apenas 16 anos de idade e, aos 49, sigo firme avançando e alcançando.

Quero compartilhar com você o que existia em meu coração o desejo de ter uma Casa Rosa para acolhimento e cuidado de mulheres trazendo a possibilidade de tratamento psicológico, cursos profissionalizantes e academia para exercícios físicos; enfim, um lugar para serem cuidadas e curadas. Juntamente com o desenvolvimento do livro *Mulheres que levantam mulheres*, alugamos uma casa maravilhosa com recursos próprios. De forma simultânea, inauguramos a casa Rosa no dia 15 de maio de 2021, pela manhã, e à noite lançamos o livro no mesmo dia à noite em uma conferência de mulheres na igreja IEFPV.

A intimidade com o Senhor é para os que O temem (Salmos 25:14). Em dezembro de 2021, ainda não tinha planejado o Retiro de Mulheres 2022, pois sentia que Deus queria me mover para algo diferente. E em um domingo após o almoço, estava compartilhando com uma irmã e amiga em Cristo sobre meus sentimentos e falei até em um tom de brincadeira para que ela verificasse a possibilidade de levarmos as mulheres para um cruzeiro, e ela concordou. Entrei no banheiro e, ao fechar a porta, o Senhor bradou em meu coração dizendo que não seria na água e sim no chão - não era água, e sim sertão, mulheres no sertão. Fiquei tão impactada que voltei para a sala e disse o que o Senhor havia me revelado, para levar as mulheres para o sertão e logo entendemos que não era descanso, e sim uma missão. Lembro que ela ficou com uma expressão de susto e me disse: "Como? Que sertão?". Enfim, a minha resposta foi que Ele nos mostraria.

Quando Deus começa a revelar um projeto, tudo já existe e é assim que eu creio. Logo começamos a entender o que Deus havia projetado, pois em menos de um mês, exatamente no dia 3 de janeiro de 2022, após um culto profético, um dos pastores que compartilhava a nova direção me falou de um casal de amigos em comum que eram pioneiros no sertão e, por incrível que pareça, eu não sabia disso. Fiz contato com a pastora e em três dias já sabia que iríamos para Juazeiro do Norte - CE.

Antes de ir com a equipe, fui espiar a terra, e pisei pela primeira vez no sertão em junho de 2021. Na primeira ministração na base missionária, ouvi um homem de Deus com mais de 80 anos de idade, ainda com tanto vigor, falar sobre sua chegada ao sertão. Em detalhes dizia que Deus havia soprado aos seus ouvidos o sertão e, como os pensamentos de Deus são mais altos que os nossos, ele já estava fazendo a obra naquele lugar há 13 anos. Fiquei muito emocionada de ver quantas coisas já haviam acontecido e quantas estratégias tinham sido entregues àquele homem. O que Deus faz quando ouvimos e agimos segundo o que Ele fala e temos a coragem para obedecer a Sua direção! Eu fui tomada de um choro incontrolável durante toda aquela ministração, pois Deus havia soprado em meus ouvidos aquele lugar. Ao final da ministração, entrei no banheiro ainda em choro e, orando, disse ao Senhor como me sentia amada por Ele. Naquele momento o Senhor falou comigo mais uma vez e disse: "Elisandra, o próximo livro a ser escrito será de depoimentos de mulheres e terá como tema *Amada*, pois é assim que cada mulher foi restaurada na Casa Rosa, elas foram alcançadas pelo meu amor". O Amor do Senhor é suficiente em nós.

"Eu sou do meu amado, e o meu amado é meu..." - Cânticos 6:3

Voltei para São Paulo e compartilhei com as mulheres a revelação de Deus e começamos a desenvolver o livro *Amada*. Foram quatorze mulheres escrevendo suas histórias e, à medida que organizávamos os capítulos, eu entendia que o projeto dado por Deus era muito além do que eu havia imaginado; como cada uma ressignificou suas dores em meio a tudo que vivenciaram, se tornando algo tão poderoso para ser compartilhado, histórias de superação e traições, rejeição e luto. Finalizamos o material e, em agosto de 2022, entregamos na editora. A data marcada para o lançamento do livro foi dia 18 de novembro de 2022, após a missão Mulheres no Sertão que foi do dia 30 de outubro de 2022 a 6 de novembro do mesmo ano.

Nossa viagem em grupo para o sertão foi marcada com 33 pessoas separadas para essa missão. Conseguimos arrecadar 500 cestas básicas de amor e muitos outros itens, entre eles, produtos de higiene pessoal, produtos e kits para higiene bucal; atingimos, em 7 dias, muitas famílias em mais de 50 convenções. Realizamos o congresso Mulheres que Levantam Mulheres, em Barbalha – CE, e hoje somos a cobertura dessa igreja. Temos visto, de maneira veloz, o Senhor operar no Sertão do Ceará.

Dias antes de retornar para São Paulo, recebi uma intercessão especifica com imposição de mãos, pois houve uma visão em que eu chorava muito ao retornar da missão. Meus pais sempre foram muito presentes na minha vida, sou filha primogênita tendo mais duas irmãs. Minha mãe estava doente há aproximadamente dois anos e ela sempre foi a minha maior intercessora e a mãezinha de todos da Igreja. Amada por todos os vizinhos e uma grande profeta. Minha mãe estava presente em todos os meus partos e cuidava dos netos com muito carinho, uma avó exemplar, uma mãe excepcional. Em 2017 tive uma visão e vi o rosto da minha mãe e uma voz me dizia: "Acrescento hoje cinco anos na vida dela" e outros detalhes que prefiro não compartilhar. Ela estava tão bem que quase não guardei as palavras no coração querendo acreditar que era coisa da minha cabeça e não uma revelação do Senhor. Enfim, passados três anos, ela começou a apresentar uma doença rara e agressiva e, em 2021, após um AVC e uma internação de dois dias, levei os meus pais para morar na minha casa após o meu pai dizer:

"Zanda (é assim que ele me chama), não quero mais ficar morando sozinho com sua mãe". Então, eles moraram comigo um ano e quatro meses. Um dia antes da viagem para Juazeiro, em 29 de outubro de 2022, meus pais foram ficar um tempo na casa de uma de minhas irmãs e, para resumir o relato, ao voltar da missão, falei com ela por telefone, fui descansar em Caldas Novas com meus filhos e recebi uma ligação do meu pai dizendo que minha mãe estava internada, mas que estava bem. Ao retornar a viagem, todos foram visitá-la e, a cada visita, ela estava mais fraca. Confesso que me lembrei da visão e da voz que falava comigo e que já havia se passado um pouco mais de cinco anos. Mesmo não querendo aceitar, entendi que ali Deus na sua soberania, já havia decidido levá-la para Ele. Meu Deus, escrevendo me emociono de novo!

O lançamento do livro seria em uma conferência de três dias intitulada Amada. No primeiro dia da festividade, em 18 de novembro de 2022, era uma sexta feira, seria o dia que eu voltaria a trabalhar após as férias. Então, cheguei ao trabalho às 8 horas da manhã e, às 8h05, o telefone tocou e a secretária me disse que era o meu esposo. Naquele momento ele falou comigo e me deu a notícia de que minha mãe tinha ido a óbito. Eu fiquei paralisada, sem reação e quando o meu filho Samuel já estava a caminho para me buscar, recebi outra ligação dizendo que ela tinha voltado e estava na UTI. Na UTI, tinha horários estabelecidos para visitas e, naqueles dias, meu maior desafio foi visitar minha mãe pela manhã e seguir com a Conferência Amada que envolvia o sonho de 14 mulheres em lançar o livro. Na primeira noite, eu preguei como já planejado e o Senhor havia me dado uma ministração sobre o sonho baseado na vida de José. Lembro que a caminho da igreja eu chorava muito e a maquiagem ajudou a esconder um pouco, mas todos sabiam e, naquela noite, a Igreja estava lotada. As líderes não sabiam o que me dizer e eu só conseguia sinalizar com minha cabeça; não queria falar e nem ser abraçada antes da ministração, pois não conseguiria dar continuidade. Ministrei, e ali ficava claro que, independentemente das lutas e adversidades, o propósito sobre nossas vidas sempre será cumprido. E os três dias da conferência foram assim, visitava minha mãezinha, pedia ao Senhor para cuidar dela e me sustentar.

Para muitos, foi incompreensível dar continuidade à Conferência Amada, mas digo que foi nessa Conferência que senti, de maneira tão especial o amor de Deus, pois em meio à minha dor, cada palavra ministrada me revelava Seu cuidado e Seu grande amor por mim. Foram vinte dias de espera por aquilo que Deus queria fazer e, em novembro, ela descansou no Senhor, aos seus 69 anos de idade. Tão jovem e tão linda. Escrevo esse relato exatamente no período que completa um ano. Em todo o tempo eu só pedi, e ainda peço, que nunca me faltasse a paz que excede o entendimento, pois é com essa paz que tenho vencido os meus dias; e a voz do meu Pai eterno tem me preenchido e me sustentado.

Meus filhos e meu esposo sempre estão por perto, mas eu sei que se não fosse meu relacionamento com o meu Senhor amado, eu estaria sem forças e sem expectativas mas, como provo todos os dias do Seu amor por mim, estou cheia de santas expectativas Nele que me fortalece. A minha vida e história têm sido escritas por Deus.

“Por mais difíceis que sejam alguns dias da nossa história, a Presença do nosso Deus nos sustenta.”

Bpa. Elisandra Leal

Janaina Soares

Sou Janaina Soares, natural de Santo André, São Paulo, resido em São Bernardo do Campo com minha família, que eu amo e honro: meu esposo e pastor do meu coração Maurício Martins, e minhas três amadas filhas Isabelly, Vitória e Júlia.

Sou pastora, mentora cristã, terapeuta de mulheres/crianças, escritora, docente em psicanálise e pastora na Comunidade Cristã Gerando Vidas. Minha história, aos olhos humanos, estava destinada ao fracasso, porém na ótica do céu, Deus tinha um plano. Deus é especialista em mudança de rota e eu descobri que quando os rios de Deus passam a fluir em nós, ele gera poder. Com isso, a árvore da nossa vida passa a gerar frutos que servirão de alimento para quem nos rodeia e nossas folhas servirão de remédio para quem nos cerca.

prajanainasoaresofc
casaderuteofc
terapeutajanainasoares
+55 (11) 98192-0048
janaina.sv.correa@gmail.com

13 A VOZ REPOSICIONADORA DE DEUS

Por Janaina Soares

Deus é um Deus que trabalha e opera em tempos específicos. Ele nunca age no acaso e jamais trabalha por coincidência, Ele sempre se move por propósitos. E esses propósitos são precisos para cada tempo e estação, pois todo o manifestar de Deus é estabelecido por um plano único, cirúrgico e transformador. E todas as vezes que Deus estabelece um plano na vida de alguém, esse plano sempre será para reposicionar e nos levar a lugares pontuais e necessários.

Esse plano nos tirará de lugares inférteis e nos plantará em terra boa, onde os frutos serão inimagináveis e surpreendentes. Todos os que vivem um plano específico, um dia ouviram a voz DIRETIVA do Bom Pastor. Entenda, a voz é DIRETIVA e INCONFUNDÍVEL! A voz de Deus sempre será clara e assertiva, essa voz nunca nos deixará confusos mesmo que as circunstâncias e o caos insistam em gritar aos nossos ouvidos. Essa voz sempre será maior do que todas as outras vozes.

E todo aquele que ouve a voz e decide obedecê-la, sai do natural e tem a sua realidade alinhada ao sobrenatural. São homens e mulheres que Deus levanta em tempos de impossibilidades, quando o cenário é infrutífero, porém eles continuam dando frutos porque foram plantados juntos a ribeiros de águas, e essas águas geram neles vida e essa vida contínua os fazem produzir bons frutos em sua estação própria. São aqueles que florescem em tempos difíceis, que geram mesmo em meio a dificuldades. Sua árvore não é estéril por causa da sua dor ou do seu passado, muito pelo contrário, seus frutos servem de alimento e suas folhas de remédio para quem os cerca.

São homens e mulheres fortes, porém não isentos de problemas. Cheios de limitações, enfrentando guerras externas e, na maioria delas, internas, as quais ninguém vê. São estes que decidiram não viver mais por padrões humanos, mas pelo padrão do céu: servos, obedientes, entregues aos propósitos, filhos. Enquanto o caos está instaurado, eles permanecem firmes debaixo das palmeiras da vida fazendo justiça, e outros com suas ferramentas em mãos nas tendas prontos para usar em tempos necessários. São estes que Deus levanta como os improváveis, que em meio á tantas impossibilidades e limitações resolveram ouvir, obedecer e permanecerem debaixo da voz alinhadora e reposicionadora de Deus. Sim, essa voz reposiciona!

E eu quero que você entenda que ser reposicionado dói, porque nos tira de um lugar de neutralidade e comodismo. Porém, a reposição é uma dor necessária para sermos curados de um mal chamado esterilidade de propósito, onde muitos fazem desse lugar sua habitação. Às vezes, achamos que se reposicionar é atingir velocidades potentes, mas nos esquecemos que muitas vezes Deus quer que entendamos que a constância do permanecer é melhor do que correr antes do tempo e se cansar no meio do caminho. Às vezes, o reposicionamento acontece dentro de um casulo, uma possível pausa é importante para fortalecer nossas asas para sairmos do chão e alçar voos necessários. A lagarta antes de ser borboleta precisa do casulo, do aperto, do escuro, da aparente "paralisia" para estar pronta para viver sua nova fase e cumprir seu propósito com maestria.

Por muitos anos da minha vida eu achei que a dor, o aperto e o casulo era tudo o que me restava e, com isso, eu fazia da minha "residência emocional" um lugar chamado passado. Era nesse lugar que eu morava, acordava e dormia. Eu vivia nesse ambiente sombrio onde não havia mais esperança, porque a minha visão era o somente o retrovisor da minha vida. O retrovisor insistia em me mostrar a infância traumática, de sentimentos de não pertencimento, não acolhimento e ausências de afeto. Ele insistia em me mostrar a adolescência cheia de conflitos e falta de instruções tão necessárias para aquela época. Ninguém estava disponível para ouvir a bagunça do meu coração. Hoje eu entendo que ninguém pode dar o que não recebeu. A cura nos traz a consciência que padrões de repetição existem, mas não precisam ser contínuos e que, para mim, meus pais deram o "melhor" que eles poderiam porque foram o que eles receberam, mas que através de mim esse ciclo de repetição poderia ser quebrado. Mas naquele tempo, a mágoa e a revolta era o que predominava no meu coração. A minha alma gritava e as vozes do medo insistiam dizendo que não tinha mais jeito. Que as palavras distorcidas que ouvi ao meu respeito através de pessoas tão relevantes era o que eu estava destinada a viver e que as ausências emocionais familiares provocaram uma ferida emocional tão profunda que iria reger a minha história até o final dela.

Sim, por muitos anos as feridas da minha alma viraram governantes ditatoriais. Comportamentos disfuncionais predominavam em cada ação, reação e decisão. Estes potencializavam o Golias que insistia em morar dentro de mim. Sim, ele era um gigante que eu alimentava. Um GIGANTE que gritava que eu não era merecedora de afeto, amor, cuidado e que eu não tinha ferramentas possíveis, capacitação e habilidade para destruir algo aparentemente mais forte do que qualquer força. Em nome de quem eu iria contra ele? Mas o que eu não sabia é que existia um DEUS, um SENHOR, maior do que qualquer GOLIAS que pudesse nascer dentro da minha mente, um SENHOR que seu GOVERNO é de cura, um governo de paz, um governo de PROPÓSITO.

E esse SENHOR e GOVERNADOR foi ao meu encontro em uma terça-feira de verão, no ano de 2008, uma tarde onde o desespero queria ter o controle das minhas decisões, mas Ele se apresentou dizendo que mudaria a minha história para sempre e que Ele queria somente uma coisa: o meu coração! Ah, esse coração tão ferido! Sem nada a oferecer! Mas Ele o queria, Ele me queria do jeito que eu estava, mas com um plano específico: não me deixaria assim. Ele veio para mudar tudo! A voz do Bom Pastor ecoou na minha alma! Essa voz é irresistível, essa voz cala a voz das sentenças internas e externas, essa voz muda as crenças limitantes e destrói os gigantes do passado! A liberdade em Cristo me trouxe uma nova esperança! Eu estava me permitindo viver o processo do novo, do vinho novo, do odre novo. As roupagens velhas precisavam ir embora para que as vestes de santidade pudessem ter espaço para trazer uma nova estação. Abandonar as coisas velhas nunca é fácil, mas essas perdas são necessárias. Perder para ganhar! Deixei ir os prisioneiros que estavam encarcerados dentro de mim, liberei perdão, fui perdoada. Devolvi para Jesus as minhas memórias de dor. Comecei a me envolver com as coisas do Reino e esse Reino passou a viver dentro de mim. Em cada detalhe eu me entregava, entendendo que nada do que eu pudesse fazer seria o suficiente para retribuir o que Ele estava fazendo. A gratidão batizava o meu coração. Lembro-me de quando cheguei à igreja, do acolhimento e do amor que recebi, do primeiro aconselhamento pastoral, do batismo no Espírito Santo antes de ser batizada nas águas, sim isso foi real e marcante.

As águas que fluíam do trono de Deus passaram a fluir em mim como um rio, e cada correnteza trazia novos planos que começaram a surgir em velocidades significativas. Ao ouvir cada pregação sentia o meu coração arder em chamas para o ministério da Palavra. E em tempo oportuno, Deus estava me levantando para ministrar Sua poderosa verdade. Eu verdadeiramente estava vivendo o meu propósito para aquela estação! O tempo passou, me casei no Senhor, tive 2 preciosas e lindas filhas, Vitória e Isabelly.

Tudo fluía conforme Deus ordenava. Porém, ninguém está isento do dia mau e, no ano de 2017, uma estação difícil de inverno chegou e eu tive de enfrentar uma grande perda na minha casa, uma perda pessoal. Eu tive de ver portas se abrindo para que quem eu amava fosse embora. É tão difícil deixar ir quem decide partir! A minha alma gritava! Muitos me perguntavam onde estava Deus. Hoje eu sei que Ele estava no mesmo lugar: no controle! Era uma olaria necessária. E foi nesse tempo de perdas que eu mais ouvi a voz do Bom Pastor. A voz do RECOMEÇO que insista em me fazer promessas no meio do caos!

Lembro-me do dia que minhas forças humanas haviam acabado, eu estava literalmente no chão e ouvi a voz única do Bom Pastor que dizia que um cajado seria colocado em minhas mãos porque um povo me esperava. Como uma promessa se encaixaria neste tempo? Como se encaixar no novo sendo que eu estava recomeçando sozinha com duas crianças? Hoje eu entendo que mais importante que a promessa cumprida é o tempo do processo, porque somente o processo nos deixa no formato da promessa. A dor traz maturidade para nos encaixar na promessa. E foi nesse tempo de impossibilidades que Deus estabeleceu uma nova primavera em minha vida.

Após 4 anos, quando a calmaria se estabeleceu na minha alma, o céu me apresentou meu esposo, homem de Deus, pastor de um rebanho lindo, viúvo, com uma filha amada, para ser um Boaz em minha vida e resgatar meu coração. E foi assim que Deus uniu dois lindos propósitos e me inseriu como Rute em Belém. Uma Belém chamada Comunidade Cristã Gerando Vidas. Cheguei em uma terra desconhecida, com pessoas desconhecidas, mas sabendo que o Deus que faz a promessa se responsabiliza em cada detalhe. E, no tempo de Deus, Ele me levantou como pastora desse rebanho tão precioso. A promessa se cumpriu! O cajado veio para a minha mão! Para a mão de uma Rute improvável! E é neste lugar que as "Noemis" têm se aproximado, porque toda Rute reposicionada em seu propósito atrai uma geração de "Noemis" que irá se reposicionar também. Eu vim de terras distantes, mas ocupando um lugar preparado por Deus, com o coração aberto para não abandonar as "Noemis" no meio do caminho. E, no tempo certo, o céu colocou em evidência um projeto, o Ministério de Mulheres Casa de Rute, em Diadema, que tem recebido e restaurado mulheres de todos os lugares. É isso o que Deus faz! Ele muda histórias! E eu quero que você entenda que seu cenário atual jamais ditará regras para Deus porque Deus não se move por circunstâncias, e sim por propósitos. E que você nunca se esqueça de que quando você deixa ir os planos que são seus, você vive os planos que são dEle!

"Ser reposicionado por Deus é ter a coragem de entregar tudo aquilo que eu tenho para que possa receber o necessário que eu ainda não possuo."

Janaina Soares

Liliane Aranzana Hoffman

Nascida em 9 de dezembro de 1982, em São Paulo/SP. Filha de Mateus Hoffman e Regina Aranzana Santos Hoffman, e mãe de Pedro Aranzana Coqueiro Hoffman. Empresária na área de metalúrgica e moda feminina.

Filha amada de Deus, filha, mãe, irmã, tia, cunhada e amiga. Evangélica, estudante de psicanálise e, agora, escritora.

hoffmanliliane

+55 (11) 99841-5156

14 ABRAÇOS CURAM

Por Liliane Aranzana Hoffman

Lembro-me de quando tinha 7 para 8 anos de idade e meus pais e eu estávamos começando a conhecer Jesus. Certa noite, foi feito um apelo e eu, com minha camiseta preferida de urso panda abraçado a um coração vermelho, fui até a frente, me abracei e aceitei a Cristo. Naquele momento, senti um abraço gostoso e acolhedor vindo diretamente de Deus. Foi onde tudo começou e eu não tinha noção.

Passaram-se anos e fui percebendo que algo me incomodava ao abraçar e mostrar o amor de Deus através desse gesto. Uma pastora amiga me observou e me ungiu com óleo dizendo: "Abraçar é o seu chamado." Pouco tempo depois, minha líder ungiu meus braços com perfume e disse: "Lili, seu abraço alcançará vidas." E assim vem se cumprindo.

Apesar de ser teimosa, Deus sempre me usou para abraçar, mesmo que fosse nas ruas, nos hospitais ou nas igrejas, mas eu sempre relutava. Por diversas vezes, Ele mandava eu abraçar pessoas e eu dizia não. O Senhor me colocava em situações em que eu não tinha para onde correr e assim mesmo, eu não cumpria o que Ele me ordenava. Rapidamente me frustrava, pois estamos falando de vidas e Deus jamais abandonaria o outro só por conta da minha desobediência, logo outra pessoa fazia o que Ele havia me ordenado.

Por diversas vezes, ouvia a voz de Deus em alto e bom som: "Até quando vai deixar os outros fazerem por você aquilo que eu lhe confiei?" Esta fala me deixava mal, só que a culpa era minha. Nem sempre o abraço era de forma literal, mas através das minhas atitudes, de me dispor a ajudar o outro da maneira necessária.

Quando decidi dizer "eis-me aqui", tudo começou a mudar, claro que não da noite para o dia, pois diversas feridas, traumas emocionais, medo, insegurança, ira, procrastinação, pecados e até mesmo a rejeição estavam alojados em mim. Mesmo com a minha inquietação, Deus foi me direcionando. Ele me fez enxergar o que eu deveria abandonar de imediato e pedir perdão. Mesmo não querendo sair de algumas situações e cenários, fui me afastando. Consegui cumprir os princípios 1, 3 e 8 do grupo de apoio emocional (CR – Celebrando a Recuperação) que participo e tem me ajudado a ser transformada, pois me faz olhar para dentro de mim e me reconhecer como filha amada de Deus.

"Princípio 1: Reconheço que não sou Deus. Admito que sou impotente para controlar minha tendência de fazer coisas erradas e que a minha vida está fora de controle. 'Felizes as pessoas que sabem que são espiritualmente pobres' (Mateus 5:3)"

"Princípio 3: Conscientemente escolho confiar toda a minha vida e a minha vontade aos cuidados e controle de Cristo. 'Felizes as pessoas humildes' (Mateus 5:5)"

"Princípio 8: Abertamente analiso e confesso todas as minhas falhas a mim mesmo, a Deus e a alguém da minha confiança. 'Felizes as pessoas que têm o coração puro' (Mateus 5:8)"

Deixei minha vontade de lado, me agarrei nas mãos de Deus e segui. Cumprir o Princípio 8 fez toda a diferença em minha vida, me trouxe leveza e direção para não cometer os mesmos erros, muito menos carregar a culpa de um erro ou pecado.

A todo instante, reconheço as mãos dEle na minha história, vejo os cenários que Ele me tirou se desmoronando e agradeço por ter me tirado dali a tempo; me sinto amada e cuidada nos detalhes. Hoje, em meio as minhas curas, venho seguindo e me rendendo ao meu chamado, abraçando a quem Ele direciona com abraços físicos ou em forma de atitudes. A cada abraço, contemplo a obra dEle se cumprindo e fazendo a diferença na vida das pessoas; a cada abraço, aprendo com os testemunhos e presencio transformações através de um simples gesto que cura. O que mais me surpreende é sempre fazer sentido para a outra pessoa! Deus não erra e nada do que Ele faz é em vão! Muitas vezes, sou eu quem mais preciso do abraço que estou dando e o outro nem sabe que ao me abraçar também está me curando.

Enquanto escrevo este livro, tenho passado por diversas provas, precisando muito de um abraço. Chego a pensar como posso relatar sobre abraços, se eu quem estou precisando de um. Só que Deus me diz: "Precisando de um abraço, você terá propriedade para falar sobre." E como Deus tem sido fiel, usando pessoas para que eu entenda o verdadeiro valor e responsabilidade de um abraço. Através de abraços e gestos tenho me sentido amada e uma verdadeira filha de Deus. Quando entendermos o quanto um abraço renova, cura, restaura e vivifica, abraçaremos com mais frequência para mostrar um pouquinho do amor de Deus por nós.

Já o abraço dado em si mesmo, é carregado de sentimentos únicos que só você e Deus sabem o que significa; eles acolhem as dificuldades, os traumas, as necessidades, os dias de desânimo, as vergonhas e as inseguranças. Neste momento, o convido a separar uns minutinhos, colocar uma música calma e olhar para dentro de si. Vasculhe seu baú, vá ao mais profundo do seu ser, pegue as dores que você conhece, se abrace com toda a intensidade, pois você sabe qual o abraço que precisa.

Temos o melhor remédio em nossos braços e não usamos. Há pessoas precisando dos seus braços. Seja um ser humano de leve boas novas, que os outros sintam prazer em estar ao seu lado, assim como o povo amava estar ao lado de Jesus; seja um imitador de Cristo na terra.

Quando decidi obedecer, cheguei a pensar em voltar atrás, mas me lembrei de tantas vezes em que desisti e só fracassei, como filha, mulher, mãe, profissional e principalmente na área espiritual. A vida é feita de decisões, portanto, resolvi ser obediente. Entre lutas e vitórias, fui sendo abençoada. Em um inclinar de Deus, estou vivendo este projeto, entre tantos se realizando, que não condiz com meu cenário físico, emocional e financeiro, mas Deus tem me colocado em lugares e me conectado a pessoas que nunca imaginei.

Ele tem me ajudado a reconhecer de onde está me tirando e para onde está me levando. Tudo para eu aprender que quem tem o controle e comando da minha vida é Ele. Deus não está pedindo algo que já não tenha me dado, meus braços são perfeitos e fortes, e com eles posso demonstrar o amor do Pai. Com base nisso, estou seguindo.

Seja também um portador de abraços que renovam. Várias pesquisas provam que um abraço de 20 segundos pode transformar ou até salvar vidas. Em um abraço sincero, reduzimos dois hormônios do estresse, o cortisol e a norepinefrina, e temos aumento da oxitocina. O resultado é bem-estar, aconchego, amor, segurança e redução da ansiedade.

Com tantos benefícios, vamos abraçar! Ao acordar, já pratique o autoabraço e convide o Senhor Deus para participar desse momento; aproveite para se olhar no espelho, focando no fundo dos seus olhos, e diga: "Eu posso, pois sou filho amado de Deus." Abrace as pessoas de dentro da sua casa, diga o quanto as ama e quão importante eles são para você. Com esse ato, você vai contagiar o dia do outro. No caminho para o trabalho, se puder abrace, diga bom dia, o seu bom dia pode mudar a história de alguém, seja luz em qualquer ambiente.

Mesmo com vergonha e sem ter a mínima vontade, abrace. Comece hoje a ser um doutor sem diploma. Os que já têm, potencializem a certificação; aos que não têm, deixem Deus usá-los e façam a diferença. Não escolha cor, nem classe social, apenas faça e verás a glória de Deus sobre a sua vida. Permita-se ser usado pelo Senhor.

Deus está sedento por irradiar o amor dEle neste mundo. Pense no quanto Ele se orgulhará de você neste mundo mau, transmitindo Seu amor, sem importar-se com as características do outro, apenas por temor à sua ordenança. Seja aquele que faz a diferença dentro e fora de casa. Sabemos que muitas vezes dentro de casa é mais difícil, mas que possamos ser influenciadores.

Abrace não apenas com os braços, mas onde seu gesto não pode chegar fisicamente, abrace com atitudes, através de um telefonema, uma mensagem, o envio de uma carta a próprio punho... há quanto tempo você não é surpreendido, nem surpreende alguém com uma carta, por exemplo? Dê flores, um chocolate ou até mesmo um pedaço de bolo. Que tal apenas começar? Um telefonema ou uma mensagem com pedido de perdão ou aceitando perdoar alguém, visite uma pessoa que você sente falta ou sabe que você faz falta para ela. Esses pequenos gestos irão fazer a diferença na vida de alguém, mas principalmente na sua.

Deus nunca o colocará em lugares ou ao lado de pessoas que Ele não tenha algum propósito, por mais desconfortável que seja, permaneça atento para cumprir a missão de ser mensageiro das boas novas.

Sou prova viva que o melhor é obedecer. Não faça braço de ferro com Aquele que conta contigo, conhece seu potencial e derrama sobre a sua vida a unção dEle. Entenda, não é sobre você, sempre será sobre Ele. Você é só instrumento nas mãos do Criador. Então, diga de todo coração e com atitudes: "Eis-me aqui, Deus. Faça através da minha vida o que me confiou."

Agora, eu lhe pergunto: o que você tem feito com o que Deus lhe confiou? A Palavra nos lembra em 1 Samuel 15:22: *"Eis que o obedecer é melhor do que o sacrificar"*. Qual a sua escolha?

"Até quando você vai deixar os outros fazerem por você aquilo que Deus lhe confiou?"

Liliane Aranzana Hoffman

Lú Castro

Sou Luciene Carla de Castro Freitas Barros, natural de Anápolis, Goiás, e atualmente resido em Goiânia com minha amada família. Sou casada há 27 anos com meu querido Fúlvio e temos dois presentes de Deus: Enzo e Ludmila.

Evangélica e formada em Moda pela UNIDERP/MS, especialista em Consultoria de Moda e Imagem. Pós-graduada em Psicologia Cognitiva, atuo como Consultora de Moda e Imagem, professora de Etiqueta e Mentora de Mulheres.

Hoje tenho a grata satisfação de contar a minha história que não começou da melhor forma, mas quando você descobre o propósito que Deus tem para você, as suas feridas se transformam em pérolas. Hoje, com essa minha experiência com Deus, ajudo mulheres a encontrarem o seu propósito de vida! Nas páginas seguintes, apresento minha história. Venha conhecê-la!

lu.castrob

+55 (64) 98454-0737

lucastromoda@gmail.com

15 DA FERIDA À PÉROLA! COMO ISSO É POSSÍVEL?

Por Lú Castro

"E não vos conformeis com esse século, mas transformai-vos pela renovação da vossa mente, para que conheceis qual a boa, agradável e perfeita vontade e de Deus". Romanos 12:2

Pode a sua maior dor se transformar em seu testemunho? Aquilo que um dia te fez sofrer pode ajudar outras pessoas? A minha resposta você vai descobrir ao longo desse capítulo, mas, afirmo que, quando nos deixamos levar pelo propósito de Deus, podemos chegar a lugares que jamais pensamos acessar, tanto nas nossas vidas quanto na vida dos outros. Minha história de vida era para ser de uma família normal com um pai, uma mãe e filhos. Sim, era para ser tudo normal, desde que cada um estivesse dentro do seu papel no lar, porém, cresci vendo meu pai viver a sua vida no individualismo e não exercendo o seu papel de pai.

Ele se tornou alcoólatra! Desde a minha infância convivi com ele bebendo todos os dias, não me recordo de ao menos um dia tê-lo visto sóbrio. Infelizmente, usando essa cortina, meu pai muitas vezes me feriu amargamente e usava sempre de arrogância e autoritarismo para impor suas vontades. Recordo-me de tantas situações em que eu gostaria de ter tido um colo de pai para chorar, um abraço no meu aniversário ou uma palavra de incentivo no momento de derrota. Ah! como seria empolgante sorrir com ele, sentir o calor da sua mão fazendo carinho no meu cabelo ou simplesmente me sentir segura na hora de dormir com a luz apagada ouvindo ele dizer: "Não tenha medo, eu estou aqui!".

Tudo o que uma menina quer e precisa é da presença paterna, a figura masculina que representa segurança, força e equilíbrio, mas infelizmente esse não era o meu pai. Ele era ausente, frio e a pior sensação que um ser humano pode ter é de não poder acessar o que está à sua frente. Nunca consegui alcançar o coração dele!

Vivi vários episódios que feriram a minha alma e me lembro de cada um deles. Lembro de algumas vezes estar com algum machucado e ele espremia limão em cima. Lembro dele apagando o cigarro no meu braço e isso não feriu só minha pele, mas a minha alma. Um episódio revoltante foi quando estávamos sentados à mesa para jantar e ele vomitou em cima do prato e na metade da mesa.

Ele nunca se envolveu com as questões familiares, viveu escondido atrás de uma garrafa de bebida. Hoje, olhando para trás, me pergunto: será que ele era feliz? Todo ser humano quer se sentir aceito, tentamos várias vezes inseri-lo em nossas vidas, mas infelizmente ele mesmo se excluía.

Certa vez fiz uma cirurgia para retirada do apêndice. Já em casa, estava me recuperando e, antes mesmo de tirar os pontos, tive que fazer uma prova na escola que ficava longe. Claro que eu esperava que ele me levasse de carro e mais uma vez a frieza e indiferença falou mais alto. Com o carro na garagem, ele me mandou ir de ônibus. Parece pouco, mas eu estava frágil e queria ser cuidada, vê-lo deitado no sofá e não se importar com aquele momento, mais uma ferida foi aberta na minha alma. Deitado no sofá era onde a vida dele acontecia e ele permanecia indiferente como no dia que minha mãe entrou com o carro na garagem e bateu em uma pilastra, derrubando metade do teto em cima do carro. Eu corri para pedir ajuda, porém, ele simplesmente me perguntou: "Ela morreu?", e eu disse que não! Então, ele permaneceu deitado como se nada tivesse acontecido. A crueldade chegou ao extremo quando ele enforcou minha mãe na minha frente. Eu gritei com todas as minhas forças até minha avó entrar e nos ajudar, livrando-nos de algo muito pior. Sempre tive cabelos cacheados e ele me fez ter raiva desse cabelo porque ria e zombava dele, durante anos da minha vida fiquei presa a um modelo de cabelo que pudesse agradá-lo.

A rejeição me fez uma criança insegura, com medo de tudo e de todos. Um bloqueio muito grande na minha mente a ponto de me atrapalhar no aprendizado escolar. Simplesmente eu não conseguia aprender, a certeza que eu tinha é que todos à minha volta eram mais inteligentes e melhores que eu. Por conta disto, entre oito e nove anos de idade e eu queria catar lixo na rua, pois achava que seria somente o que eu conseguiria fazer. Nada contra, mas eu não me permitia sonhar!

A rejeição abre portas terríveis na nossa alma e nos traz comportamentos limitadores e eu me sentia limitada, não me permitia sonhar, eu era triste e confusa. A rejeição traz sentimentos de inferioridade, sentimentos que não somos amados e sempre interpretamos mal a atitude do outro. A rejeição adoece alma. Simplesmente, essa era EU.

Eu cresci dentro da igreja ouvindo a Palavra, mas era como o paralítico do tanque de Bethesda: via todos sendo curados, mas eu não conseguia entrar no poço. Era muito difícil ouvir dizer que Deus era um pai amoroso, que cuidava de mim, que me amava, eu não entendia esse amor. Sempre associava a minha experiência terrena. Já estava acomodada a ficar à beira do poço achando que a cura era para os outros e não para mim, sentia pena de mim mesma, valores distorcidos, baixa autoestima.

A síndrome da cadeira de balanço que você vive a vida fazendo força, mas não sai do lugar! Mas, Deus já havia escrito a minha história. Lembra o que eu disse lá no início? Que ao longo desse capítulo eu daria a minha resposta? Pois eu afirmo com toda intensidade do meu coração que quando deixamos Deus cumprir o propósito Dele em nossas vidas, nossas dores se tornam nosso testemunho.

Um dia ouvi que eu precisava perdoar meu pai. Fiz o questionamento que todos fazem: "Mas foi ele quem me feriu!", e esse é o maior erro que cometemos: achar que liberamos perdão para o outro viver livre, porém, te digo que o maior benefício é para si mesmo. Quando perdoamos, somos curados de toda ferida da alma. É um processo pelo qual somos libertos de ressentimentos e autopiedade. Não foi fácil pra eu fazer um caminho de volta em todas as feridas que foram abertas. Uma a uma eu fui entregando a Deus, mesmo ainda não entendendo direito o maravilhoso amor Dele por mim.

Eu queria viver algo novo, queria experimentar uma nova história, viver o que diz em Isaias 43:18 e 19:

"Esqueçam o que se foi; não vivam no passado. Vejam, estou fazendo uma coisa nova! Ela já está surgindo! Até no deserto vou abrir um caminho e riachos no ermo."

Entendi que eu não podia mudar meu passado, mas poderia, sim, construir um futuro melhor! Mais uma vez afirmo: não é fácil até entendermos que o perdão não é um sentimento, mas uma decisão! Decidi perdoar meu pai para viver o propósito de Deus em minha vida. As escamas foram tiradas dos meus olhos e recebi um coração transformado! Tive a minha verdadeira identidade restaurada. Hoje sou filhinha de Papai! Pude entender que o perdão era o remédio para as minhas feridas. Como o perdão foi libertador!

Nesse processo de perdão tive a experiência mais incrível da minha vida. Meu pai adoeceu e foi diagnosticado com uma doença degenerativa nos neurônios como consequência da bebida alcóolica. Ele precisava de ajuda para suas necessidades mais básicas como comer, ir ao banheiro, tomar banho ou deitar-se na cama. Tornou-se totalmente dependente. Deus ainda tinha uma obra a completar dentro de mim. Um dos grandes desafios para mim foi dar banho nele pela primeira vez. Ali, naquele banheiro, somente nós dois, eu perguntei ao Senhor: "Por que até no banho?". Enquanto a água lavava o corpo dele, Jesus lavava o que ainda precisava lavar dentro de mim. Ali tive mais uma revelação: o perdão completo é aquele que você ainda cuida de quem te feriu. Lembra da história de José do Egito que foi rejeitado pelos seus irmãos, foi vendido como escravo e preso injustamente? Mas, quando teve a oportunidade de se vingar, ele simplesmente deu a resposta mais incrível que alguém poderia dar quando é ferido: "José, porém, lhes disse:

"Não tenham medo. Estaria eu no lugar de Deus? Vocês planejaram o mal contra mim, mas Deus o tornou em bem para que hoje fosse preservada a vida de muitos. Por isso não tenham medo. EU SUSTENTAREI VOCÊS E SEUS FILHOS. Assim os tranquilizou e falou amavelmente". Êxodo 50:19-21.

José não somente perdoou, mas também cuidou de seus irmãos!

Eu, minha mãe e minha irmã cuidamos do meu pai por 17 anos, fizemos com muito amor e dedicação e aqui abro um parêntese para falar da minha mãe que sempre honrou a vida do meu pai, sendo uma mulher honesta, batalhadora e fiel a Deus. Ela é o motivo de eu estar escrevendo este capítulo da minha história, pois mesmo com tantas dificuldades, não abriu mão de nos colocar nos caminhos do Senhor. É o maior e melhor presente de todos! Obrigada, minha mãe! Deus me deu o privilégio de cuidar do meu pai até o seu último suspiro de vida. O perdão é chave para mudar sua história!

Construí uma família incrível. Tenho um casal de filhos maravilhosos, Enzo e Ludmila. Eles são a minha alegria. Vivo a cada dia o prazer de ter um marido, um pai amoroso. Um marido que é um presente precioso de Deus e que compreende as minhas necessidades. Meu maior incentivador e ativador. Talvez ele não saiba, mas tenho certeza de que ele foi o anjo que Deus mandou para cuidar de mim.

A minha história de vida foi transformada a partir do perdão. O perdão é determinante para a saúde espiritual, emocional e física. Eu te convido a viver uma nova história. Veja o exemplo da pérola. As pérolas são produzidas nas chamadas ostras perlíferas em resposta a alguma irritação (ferida) provocada por agentes externos que entram na concha — um grão de areia, por exemplo. Como resposta a essa irritação, a ostra começa a produzir nácar, ou madrepérola, ao redor do corpo estranho, formando o que conhecemos como pérola. Isto é, de uma ferida, nasce, no interior da ostra, uma joia rara: a pérola!

As ofensas recebidas são como grãos de areia que entram no interior de uma ostra. Machucam! Ferem nosso interior! Mas o perdão transforma este grão de areia em uma pérola! Da ferida à pérola! Com Deus, isso é possível! A pérola é uma ferida curada!

O conselho que eu te dou é: tome a decisão, hoje, de perdoar quem te feriu, para que sua ferida se transforme em uma pérola, para que você viva o Seu propósito.

"O perdão é a chave para a sua cura."

Lú Castro

Marcos Moreira

Sou Marcos Moreira, natural de Angra dos Reis, Rio de Janeiro, resido em Capitão Poço, Pará, com minha esposa Thaísa Raquel, com quem sou casado há 9 anos, e meu filho Tito de Almeida Moreira de 7 anos de idade.

Sou Pastor da igreja Congregacional de Capitão Poço, Pará, formado em teologia pelo Seminário Teológico Congregacional de Angra dos Reis (STCAR). Sou Engenheiro Civil, formado pelo Centro Universitário de Volta Redonda (UniFOA). Sou pós-graduado em Docência do Ensino superior, pela Faculdade do Maciço do Baturité (FMB). Também sou músico há 22 anos e amo esportes em geral, principalmente futebol e tênis.

Algo que levo em minha vida para ter sucesso e achar a plenitude de viver, é que fui chamado para uma grande missão, e essa missão é ser relevante na cidade em que estou e fazer a diferença na vida das pessoas.

marcos_moreira15

ieccap

+55 (24) 99258-0207

marcosj.engcivil@gmail.com

16 UMA VIDA RELEVANTE PARA A CIDADE

Por Marcos Moreira

Eu sempre tive uma vocação missionária e um desejo muito grande de viver isso intensamente. Essa vocação começou na minha apresentação a Deus após meu nascimento; meu pai fez uma oração assim: "Deus, eu apresento meu filho às missões".

Quando eu completei 15 anos de idade, lembro que estava em um retiro espiritual e ali Deus falou claramente comigo sobre essa vocação usando a vida de um pastor e eu saí impactado daquele lugar. Mas por ser filho de pastor e ver como é a vida pastoral, sempre relutei para atender a esse chamado. Mas sabemos que o chamado vocacional é mais forte que a nossa própria vida e nesse dia eu entendi que fui chamado para fazer diferença na vida das pessoas.

Meu pai sempre teve um coração missionário, e eu ainda bebê de colo, comecei a ser introduzido nesse mundo de missões. No período de férias do meu pai ele nos levava para passar um tempo na base missionária da JOCUM na cidade de confins, Minas Gerais. Aos 6 anos de idade, meu pai foi ordenado a pastor e deixou de ser só um missionário que ia para missões e levava a família, e passou a ser um pastor mobilizador que levava uma visão de igreja e missões e que se preocupava em sustentar parceiros missionários no Brasil e no mundo. E dentro desse contexto, chegou o dia que mudou a minha vida: quando eu tinha 15 anos de idade, lembro que estava em um retiro espiritual e um pastor estava pregando. Ele chamou todos os adolescentes à frente, eu estava sentado na primeira fileira e fui o primeiro a levantar. Quando eu andei até a frente, os outros adolescentes foram andando atrás de mim e esse pastor disse assim: "eu sabia, eu sabia, a glória da segunda casa será maior do que a primeira", ele virou para meu pai e disse: "mesmo que você não queira, ele será pastor!". Eu não sei o que aconteceu comigo, mas eu só conseguia chorar, pois eu não queria ser pastor, justamente por ver como é difícil a vida de um pastor que é vocacionado por Deus.

Mesmo ouvindo isso eu ainda não comecei a seguir minha vida ministerial. Três anos depois eu passei para o curso de engenharia civil em Volta Redonda e me mudei para estudar. Foram cinco anos longe desse chamado, mas foram cinco anos entendendo muito sobre como uma cidade se desenvolve e como ela comunica aquilo que precisa para se desenvolver.

Depois de cinco anos, me tornei bacharel em engenharia civil e a maioria dos meus trabalhos foram em empresas com contrato público, sempre trabalhando o desenvolvimento da cidade, o serviço público desse local e áreas de atuação.

Nesse tempo eu conheci a minha esposa Thaisa Raquel que sempre teve um coração missionário. Assim que nos casamos quase fomos para a JOCUM da África do Sul, mas não era o tempo de Deus ainda. Logo depois, Deus me chamou para um seminário e eu comecei a conciliar o trabalho de engenheiro e os estudos no seminário de teologia, foi quando em 2018, chegou à Angra dos Reis, um curso chamado "Perspectivas Brasil" e foram convidados pastores, líderes e alunos de seminários para fazer esse curso. Esse curso é voltado para a vida missionária, ele trabalha o foco em quatro perspectivas: Bíblica, Histórica, Cultural e Estratégica.

Eu e minha esposa começamos a fazer e a nossa perspectiva de vida mudou, nossa visão de missões mudou, nossa forma de enxergar a igreja mudou. Começamos a viver um novo estilo de vida, uma chama muito grande foi acessa em nossos corações. Eu comecei a me envolver com todo tipo de missões: missões culturais, urbanas, transculturais e, nesse tempo, fui ordenado a pastor sendo pastor de jovens e músico da igreja. Comecei a envolver essa visão, mudar a perspectiva da igreja para ela deixar de ser religiosa e entender o chamado dela.

Uma das frases que mais marcou e ainda marca a minha vida é a de John Piper quando ele diz: **"as missões existem porque a adoração não existe"**. Começamos a mobilizar a igreja, mas com o passar do tempo eu comecei a sentir muito forte o chamado para ir a algum lugar servir integralmente na vida missionária. Nesse tempo eu estava conciliando a minha vida de engenheiro e de pastor em minha igreja em Angra dos Reis, e cada dia que passava eu sentia um desejo muito forte de sair e orava a Deus para e Ele me mostrar um lugar.

Para mim era muito cômodo ficar em Angra dos Reis, eu tinha meu emprego, minha família por perto, minha casa, e fazia parte desde pequeno da mesma igreja, grande e estruturada. Todos já viam como certo uma possível substituição entre meu pai e eu em alguns anos.

No meio da pandemia, lembro que estava trabalhando muito, pois a empresa que eu trabalhava estava diretamente ligada à coordenação da limpeza da cidade e apoio aos hospitais de campanha, e teve um dia que eu cheguei muito cansado em casa e fui tomar café na casa do meu pai. Quando eu me sentei à mesa, ouvi meu pai conversando com um pastor sobre uma igreja no interior do Pará, em uma cidade chamada Capitão Poço que estava precisando de um pastor; aquela frase entrou como uma flecha em meu coração e eu no mesmo instante saí daquele café e fui para minha casa. Quando cheguei em casa, chamei minha esposa e perguntei para ela: "se a gente tivesse que ir morar no interior do Pará para fazer missões, você iria?". Ela, na mesma hora respondeu sem hesitar: "iria sim", então entramos no Google e fomos ver onde ficava essa cidade. Nossos corações ficaram radiantes e então eu fui conversar com meu pai e quando eu falei com meu pai a primeira palavra que ele me disse foi: "eu não preparo obreiros para mim, eu preparo obreiros para o Reino, se você tiver que ir, vá".

Então, em setembro de 2021, eu e minha família embarcarmos para a cidade de Capitão Poço no interior do Pará para conhecer essa igreja e essa cidade. Fomos para ficar uma semana só, mas no segundo dia já sentimos a confirmação de Deus que ali era o lugar que Ele estava nos chamando.

Quando voltamos para Angra dos Reis, já voltamos decididos a aceitar esse desafio e assim o fizemos; eu saí do meu emprego, avisei a igreja que eu estava servindo desde pequeno, organizamos as questões escolares do nosso filho e ficamos de partir em janeiro de 2022. Durante esses três meses de organização para a mudança, algo aconteceu que não estávamos esperando: a escola que meu filho estudava nos chamou para conversar e abriram para a gente que observaram alguns comportamentos nele que precisavam ser observados. Nos encaminharam para uma psicóloga e logo veio a desconfiança que ele poderia ter o Transtorno do Espectro Autista (TEA), então começamos a investigar levando-o para fazer consultas com profissionais da área. A fim de adiantar o processo, o levamos em uma clínica especializada na Barra da Tijuca, Rio de Janeiro, e em dezembro de 2021, saiu o diagnóstico: nosso filho foi diagnosticado com o Transtorno do Espectro Autista (TEA). Ele é autista, descobrimos isso faltando 20 dias para a nossa partida.

Com essa descoberta, passaram incertezas em nossa mente e em nossos corações a respeito de ir embora para um lugar onde não sabíamos como seria ou se na cidade teriam profissionais para fazer as intervenções, mas continuamos firmes em nosso chamado e, 20 dias depois, fomos rumo à cidade de Capitão Poço, no interior do Pará.

Quando chegamos e começamos a conhecer melhor a cidade e sua estrutura, tivemos o choque de realidade que esperávamos que poderia acontecer: a cidade não tinha estrutura para receber nosso filho. Eu sempre procurei observar a cidade e ver aquilo que ela comunica, porque a cidade comunica aquilo que ela necessita, e os pastores e a igreja precisam entender isso para conseguir ser relevantes, então comecei a trazer uma visão para a igreja ser relevante e intencional para a cidade, conseguir enxergar aquilo que ela está comunicando para fazer a diferença na vida das pessoas deste lugar.

Assim que chegamos vimos a necessidade de trabalharmos com crianças autistas e descobrimos que havia uma comunidade muito grande na cidade, então pegamos uma casa que tinha atrás da igreja e resolvemos reformá-la para transformá-la em um centro de atenção especializada em crianças atípicas. Como não havia profissionais na cidade, começamos a trazer de fora, como fonoaudiólogas, psicólogas, entre outras. Não apenas resolvemos o problema de intervenções profissionais do nosso filho, como começamos a ajudar outras crianças e famílias, começamos a mostrar que uma igreja relevante não é só aquela que está na cidade, mas sim aquela que se envolve com a cidade. "Precisamos entender que não é a igreja que sofre por causa da cidade e sim a cidade que sofre por causa da igreja que tem". Uma igreja que é relevante com pessoas relevantes sendo discípulos de Cristo, consegue mudar a história de uma cidade; uma igreja que se envolve dentro das áreas de influência da sociedade que são: família (lar), religião (igreja), educação (escolas), governo (política), mídias (comunicação), artes (entretenimento e esportes), economia (negócios, comércio), ciência e tecnologia, consegue mudar essa cidade fazendo cada cristão descobrir sua área de atuação não só dentro da igreja mas na vida da sociedade.

Dentro dessa visão, Deus me deu uma frase que uso como estilo de vida, "eu fui chamado para fazer diferença na vida das pessoas" e mais do que isso, para fazer pessoas aprenderem a fazer a diferença na vida do próximo. A cidade começou a enxergar que o centro de atenção especializada em crianças atípicas estava fazendo a diferença na vida da população e, com isso, a prefeitura construiu um espaço sensorial também para atender a comunidade. Lembro que no dia da inauguração eu fui convidado e pude levar uma palavra e muitas pessoas depois vieram falar comigo que a prefeitura tomou essa iniciativa após ver o projeto que foi implementado pela igreja.

Conseguimos alcançar o objetivo de ser relevante para a vida da cidade. Ainda temos muitos desafios, ainda precisamos estruturar muito o centro de atendimento da igreja, mas já estamos conseguindo abençoar a cidade. Além disso, sempre recebemos equipes da JOCUM para realizarem trabalho nas escolas com adolescentes através da cultura hip hop, skate, entre outras coisas, fora o trabalho com famílias e crianças carentes. Nosso objetivo futuramente é construir uma creche para mudar a história de muitas crianças e famílias. Portanto, temos que ter a consciência que fomos chamados para ser relevantes para a cidade em que estamos inseridos.

"Somos chamados para fazer a diferença na vida das pessoas de uma forma relevante e intencional."

Marcos Moreira

Bpa. Maria Vilma

Sou Maria Vilma, natural de Água Branca, Alagoas, resido na Mooca, São Paulo, com o meu digníssimo esposo Carlos Decristo, com quem sou casada há 5 anos. Sou filha da Carmelita Souza, "boadastra" da Karla Santos e "vódrasta" da Yasmim Fernanda.

Sou bispa, radialista, mentora e escritora. Tenho conduzido centenas de pessoas ao processo de cura e total libertação em todo o estado de São Paulo, realizando atendimentos e aconselhamento pastoral.

Também sou uma teóloga em formação pela Universidade Presbiteriana Mackenzie.

O meu testemunho de vida tem motivado pessoas a acreditar que o nosso Deus tem um propósito perfeito para cada um de nós. Contudo, houve um caminho a ser percorrido e, mesmo com as adversidades da vida, apresento uma história de superação que começou saindo do plano do choro e indo ao plano da ação.

bispamariavilma

+55 (11) 93206-0097

bispamariavilma@gmail.com

17 EU SOU LIVRE!

Por Bpa. Maria Vilma

Por muito tempo me senti em uma gaiola como um pássaro capturado em um de seus voos. Nessa prisão, o medo e a dor imperavam, mas calma, pois esta história foi escrita por Deus, sendo assim, não espere um final triste, pois para a liberdade Ele nos chamou.

Quando minha mãe ficou grávida novamente, pela oitava vez (de mim), sendo do terceiro marido, ela não me desejou e, com raiva do meu pai por ser alcoólatra e infiel, me deu para uma família de médicos na cidade de Água Branca, Alagoas, ainda durante a gestação. Meu pai havia ido embora antes mesmo do meu nascimento. Até que chegou o dia, como acordado, o casal iria me buscar assim que eu nascesse, mas eles discutiram e decidiram não me adotar. Mamãe se viu obrigada a me levar pra casa. Depois de um certo tempo, resolveu sair daquele cenário, onde morava com os meus avós em uma extrema pobreza, e veio para São Paulo tentar melhorar a vida e dar uma boa educação para nós. Chegamos em uma cidade chamada Cubatão, eu tinha apenas três anos de idade, e morávamos de favor na casa de uma tia-avó, minha mãe, eu e mais três irmãos.

Passado algum tempo, mamãe havia comprado um barraco em cima do mangue, trabalhava a noite inteira lavando os ônibus municipais da cidade, enquanto isso meu irmão mais velho cuidava de nós.

Tudo começou quando eu tinha sete anos de idade, esse irmão passou a abusar de mim, fazendo com que alguns amigos da vizinhança tocassem em minhas partes intimas. Logo depois, ele passou a me tocar, e me fazia tocá-lo também por meio de surras e ameaças, e isso se tornou uma rotina: por muitas vezes ele me acordava na madrugada para me abusar. Não fui estuprada, nem houve penetração, mas todos os dias eu tinha meu corpo, ainda em formação, sujo com esperma depois de sua masturbação. Sentia-me sozinha, sem ninguém em quem pudesse confiar, na época mamãe era uma mulher fria, rígida e rancorosa com a vida sofrida que vivia, estava tão ausente trabalhando para nos sustentar, que eu tinha medo de contar, eu tinha medo dela, pois apanhava muito, tanto dela, quanto desse irmão, José.

Com meus doze anos, já não era uma criança comum, então uma vizinha notando isso, me pressionou a falar o que estava acontecendo. Elaine me aconselhou, dizendo que eu deveria contar para a minha mãe, mas de imediato neguei a possibilidade por medo e um sentimento que já tomava conta de mim há anos: a culpa. Me sentia culpada em todos os sentidos, acreditando que eu era a causadora do abuso. Ao ser convencida por ela, decidi contar, mas, com uma condição: com a ajuda dela. E assim aconteceu, contamos juntas. Foi terrível e ao mesmo tempo libertador, senti um peso saindo de mim.

Logo após ter revelado para mamãe, ela não sabia como reagir, e nem sabia como falar comigo sobre o assunto, na verdade, a minha família inteira. Aquilo havia sido um choque para todos. Eliana contou para seu esposo, seu esposo contou para "os meninos" da comunidade que logo pegaram meu irmão para dar uma surra, e depois de terem feito isso, voltaram para buscá-lo e matá-lo. Porém, havia um morro atrás de nossa casa, e ele conseguiu fugir para o nordeste, nossa cidade natal, morar com o pai dele. Enquanto isso, eu estava sendo motivo de muitas fofocas na comunidade onde morávamos, e decidiram que o melhor seria eu morar com minha irmã. Fiquei lá por pouco tempo, pois ela tinha um namorado que, ao saber da minha história, tentou abusar de mim também. Voltei novamente a morar com minha mãe. Eu sei que você deve estar lendo isso e pensando: "Meu Deus, que história é essa? Que triste!" Acredite, isso é apenas um resumo.

Dois anos se passaram e, ao longo deles, eu e minha mãe recebíamos ameaças do meu irmão José, falando que quando nos encontrasse novamente, iria nos matar. Até que recebemos uma notícia: José morreu. Seu pai, após uma discussão, esperou ele dormir e, com machadadas na cabeça, o matou. Naquele dia fiz uma oração a Deus pedindo que fizesse eu me esquecer de tudo que eu tinha vivido. E não é que funcionou?!

Eu tinha uma boa relação com Deus. Fomos criados indo à igreja católica todas as quintas e domingos. Havia feito catecismo, então, "conhecia" a Deus. Rezava o terço toda noite e lia o salmo 91.

Passei a trabalhar com 14 anos de idade e saí de casa aos 17, pois queria ser independente. Meu objetivo era não depender da minha mãe e de mais ninguém. Aparentemente eu não possuía traumas, era uma jovem adulta "normal" que obviamente tinha seus defeitos e suas limitações. Acredito que por ter nascido em uma família disfuncional, meu maior sonho sempre foi o casamento, a construção de uma família. E eu buscava por isso. Entrei em alguns relacionamentos, e em todos, a minha intenção sempre foi a realização desse sonho. Não me importava se a pessoa prestava ou não, eu queria a todo custo ser amada e cuidada. Depois de tantos fracassos nesses relacionamentos, fui pedir ajuda a Deus. Passei a frequentar a Assembleia de Deus de vez em quando, geralmente quando estava mal com algo ou situação. Talvez você esteja assim como eu estive um dia, só buscando a Ele quando dói ou por alguma outra necessidade. Quero aproveitar para te dizer que, nada se compara à comunhão que hoje tenho. Comunhão essa, de forma plena, não efêmera, mas no real sentido, a constante percepção de Sua presença, isso é a verdadeira comunhão.

Nessa época eu não estava bem psicologicamente, há pouco tempo havia perdido um irmão, o Pedro, que tinha tirado sua própria vida. Estava arruinada, destruída por dentro, pois ele era um querido, éramos muito próximos. Passei a ter a necessidade de colocar as minhas dores e angústias para fora e não sabia como fazer isso. Doía tanto, mas tanto, que passei a usar drogas e álcool para amenizar a minha dor. Bebia e me drogava todos os dias para esquecer, e quando chegava ao fim da noite, lá estava eu, escrevendo cartas para Deus pedindo misericórdia, estava me sentindo um lixo. Com as drogas e bebidas, não conseguia parar em emprego algum, tinha dívidas e vícios para bancar, e como eu pagava? A prostituição entrou na minha vida, e assim pagava uma coisa ou outra, mas não aguentava aquele peso sobre mim. E por isso me drogava ainda mais. Sentia-me tão suja que mal abria a boca para falar com o Senhor, só conseguia escrever, e em todas as escritas tinha um registro: "Senhor, tem misericórdia de mim! Perdoa-me!". Essas palavras eram manchadas com lágrimas.

Através de uma prima conheci três mulheres de oração que oraram por mim. Trouxeram uma revelação de Deus anunciando que Ele estava me chamando e que me levaria a lugares altos. Naquele dia eu decidi que me agarraria àquela palavra.

Passei a buscar sempre aquelas mulheres, que sempre me recebiam sem preconceitos ou julgamentos. Foi assim que eu conheci Jesus, através da vida delas. Aquele tão famoso Jesus que eu ouvia falar. Fui cuidada, aconselhada e abraçada.

Quero falar algo ao seu coração: Levante Jesus em sua vida, pois esse, talvez seja o único Jesus que algumas pessoas conhecerão.

Eu possuía fome e sede dEle de um modo que não poderia mais ficar sem ouvir Sua voz. Certo dia, entrei no carro e disse: "Jesus, fala comigo quando eu ligar o rádio, eu preciso te ouvir". Ao ligar o rádio, ouvi uma palavra que dizia mais ou menos assim: "Eu estou cuidando de ti e vou tirar você daí, menina, e não se preocupe, você terá alguém para chamar de seu". Meu Deus! As lágrimas rolavam no meu rosto até não poder mais chorar por falta de forças. O homem que transmitia aquela mensagem tinha um jeito diferente de ministrar. Sempre falava que para a nossa vida mudar, era necessário um relacionamento íntimo com o Espírito Santo. Desenvolvi diariamente esse relacionamento, e notei uma mudança dentro de mim, já não me sentia sozinha ou distante de Deus, pois eu tinha o melhor amigo: o Espírito Santo. Recebi através desse relacionamento a libertação dos traumas que carregava, rejeição, culpa, complexo de inferioridade e de todos os vícios. Arrumei um emprego em Atibaia, e logo me lembrei da promessa de Jesus: "Vou tirar você daí".

Voltei a ter redes sociais e procurei aquele que ministrava sobre o relacionamento íntimo com o Espírito Santo. Nos tornamos amigos, começamos a namorar à distância e, passado o tempo, noivei, me casei e vim morar em São Paulo com ele.

Incentivando-me a falar do meu testemunho, meu esposo me colocou para fazer uma programação de Web rádio com o título Força para Viver, viver cheio do Espírito Santo. Após muito insistir, eu aceitei. Abrimos um escritório juntos, a primeira igreja na região da Mooca: Centro de Adoração do Espírito Santo e hoje temos ao total de sete igrejas entre capital e litoral paulista.

O Senhor mudou a minha vida! Ele mudou a minha história e alcançou a minha família. Mamãe hoje é uma mulher doce, gentil, minha maior incentivadora me ensinando a ser uma mulher forte nesta geração. Glorifico ao Senhor por ter ela como minha mãe.

Tudo aquilo que parecia ser impossível, se tornou pura realidade. Sou uma jovem senhora, filha, esposa e bispa. Ganhei até uma enteada linda, uma "neta" brilhante e um "genro" dedicado.

Sou serva de Jesus por amor. Ministra de Sua palavra por amor, pois foi através dela que fui e permaneço todos os dias sendo curada. Sou feliz e vivo em estado de contentamento por saber que por Suas pisaduras fomos sarados, o Seu sangue repousa sobre mim.

E com toda autoridade que há nome de Jesus, eu declaro que este mesmo sangue repouse sobre você: seja curado(a) e liberto(a)! Lembre-se, o Mestre lhe deu autoridade - Lucas 10:19-20

Neste momento, quero encorajar você que está aí do outro lado lendo esta história escrita por Deus, dizendo: A sua história também foi escrita por Ele. O Senhor escolheu você e te chama pelo nome. E quando estiver com dúvidas, vá até um espelho, olhe profundamente em seus próprios olhos e declare em alta voz: Se DEUS decidiu confiar em você, quem é você para duvidar?

"Precisamos decidir nos agarrar à palavra de Deus e lutar por aquilo que é nosso nessa terra!"

Bpa. Maria Vilma

Martha Carvalho

Sou Martha Carvalho, casada com Gilberto Neto e mãe de dois filhos, Yago e Yan. Tenho a minha família como o meu primeiro ministério, sou uma mulher conforme Deus criou, uma filha amada, feita à imagem e semelhança dEle. Sou cristã, administradora, empresária, especialista em princípios milenares e mentora de mulheres cristãs.

Passei por processos dolorosos para cumprir o meu chamado, que está ligado a ajudar mulheres que sofrem ou sofreram com rejeição, abusos sexuais e feridas emocionais, tanto no âmbito pessoal, quanto profissional, fortalecendo sua identidade e ajudando, por meio do Espírito Santo, a transformar sua vida com amor e fé.

O texto deste livro foi colocado por Deus, em meu coração, para ajudar pessoas a reconhecerem o seu propósito.

marthacarvalholeite

Martha Carvalho

18 OS PASSOS PARA CHEGAR A JESUS

Por Martha Carvalho

Em minha jornada, aprendi como seguir os passos para chegar verdadeiramente a Jesus. Tenho grande prazer em compartilhar o meu testemunho e minhas experiências, vivendo cada dia o milagre do Senhor em minha vida.

Tudo começou no meu nascimento, quando minha mãe, com apenas 15 anos de idade, me trouxe ao mundo. Fui criada pelos meus avós até os meus 14 anos. Por falta de um pai, cresci com o sentimento de rejeição. Mesmo tendo todo o amor dos meus avós, me sentia vazia, sem destino e repleta de medos.

Dos 8 aos 13 anos de idade, fui abusada sexualmente, e com isso, me tornei uma mulher cheia de "fraturas" emocionais. Na minha cabeça, eu era culpada pelo que sofria. Tentava várias vezes falar sobre os abusos, mas ninguém acreditava em mim, foi assim que aprendi a mentir, afinal, era melhor do que falar a verdade, e isso me tornou uma pessoa sem confiança.

Aos 14 anos, perdi meu avô, exemplo de homem íntegro e correto, eu o tinha como meu protetor e sacerdote. Após essa perda, o sentimento de rejeição ficou ainda mais forte, me deixando sem chão.

Lembro-me que ficava no meu quarto, onde tinha um guarda-roupa amarelo, com um espelho. Esse espelho, foi um amigo para mim durante muito tempo. Nele, eu me olhava e chorava, perguntando quem eu era e o que eu poderia fazer para mudar a minha vida. Mas as dores continuavam, dores de rejeição, impotência, solidão e alma vazia, sem direção.

Eu sabia que Jesus me amava, mas não conseguia me perdoar pelas rejeições e me sentia suja por causa dos abusos sofridos. Mesmo frequentando os cultos, me sentia cada dia pior.

Por causa da religiosidade, diziam que Deus perdoava, mas para isso, teríamos que pagar o preço. Eu falava: "Como posso pagar por algo que eu não tive culpa?" Então, acabei vendo Jesus como um ser que, mesmo me amando, iria me condenar e eu teria que sofrer as retaliações por todos os meus erros e pecados.

Mesmo achando tudo isso, continuava ativa em uma igreja local, pois era onde eu sentia que deveria estar e buscava me enquadrar, e esse foi o meu maior desapontamento. Por estar participando do ministério, era necessário que eu entrasse em um propósito, mas, naquele ano, resolvi não participar. Houve uma reunião de alinhamento, em que fui perguntada se estava participando de determinado alvo e, ao informar que naquele ano não iria entrar, automaticamente fui disciplinada pelo meu líder, que sem medir suas palavras, disse que Jesus não iria me abençoar. Naquele momento, o sentimento de rejeição tomou conta do meu ser, saí daquele lugar arrasada e falei para mim mesma que se dependesse do meu dinheiro para Jesus me abençoar, então, eu não servia para Ele.

Acabei me afastando de Deus e me envolvendo com más companhias, que contribuíram diretamente para a minha destruição. Uma vida amargurada, com experiências que me levaram ao fundo do poço, tomada por álcool e relacionamentos tóxicos.

Nesse período, em que me encontrava totalmente perdida, conheci um rapaz, que hoje é meu esposo, e começamos a namorar. Uma relação extremamente errada. Por falta de responsabilidade, em pouco tempo, fomos morar juntos. Dois jovens imaturos, cheios de feridas na alma. Tudo isso porque eu buscava suprir, nesse relacionamento, a falta que eu sentia de um pai.

Essa história é repleta de altos e baixos. A imaturidade de ambas as partes nos levou a traições e falta de companheirismo. Mais uma vez, me senti rejeitada. Após 4 anos juntos, engravidei, aos 18 anos de idade. A gestação me fez refletir sobre o que eu realmente queria para a minha vida. Através da chegada do meu filho, me tornei mais forte e resgatei a coragem daquela menina que se olhava no espelho do guarda-roupa amarelo, dizendo que tinha nascido para ser feliz e que lutaria por isso a todo custo.

Segui com a minha vida de esposa e mãe. Estudei, me formei e trabalhei. Porém, por conta de tudo que sofri, continuava fazendo as coisas para agradar aos outros, tendo a falsa sensação de pertencimento ao ambiente onde eu estava. Lembro-me que passei 18 anos indo a pizzarias, mesmo detestando pizza, pois sentia a necessidade de ser aceita pelas pessoas; eu não suportava a ideia de rejeição.

Aos 29 anos, engravidei pela segunda vez. Nesse momento, vi a oportunidade de ser feliz. Resolvi largar o emprego para tomar conta dos meus filhos e da minha casa. Continuei dando o meu máximo para que tudo desse certo e eu conseguisse o que realmente almejava: a felicidade. Mas isso não aconteceu, me frustrei com todos os problemas que vinha acumulando e, cada dia mais, me sentia perdida e sem expectativa de futuro. Como nada dava certo e eu não me realizava na vida profissional, no casamento, nem na área financeira (que por sinal, estava indo de mal a pior), pensei que a única saída era eu deixar de existir.

Foi um período muito difícil. Entrei em depressão, não queria levantar da cama, nem cuidar das coisas. Pedia a Deus para me tirar do lugar onde eu morava, mesmo que fosse dentro de um caixão. Daí por diante, as coisas decaíram ainda mais na minha cabeça. Eu ouvia uma voz pedindo para eu pegar uma faca, tirar a vida dos meus filhos e depois a minha. Mas graças a Deus, mesmo sem esperança, ainda existia um propósito do Senhor para mim.

E assim cheguei ao fundo do poço, com o casamento destruído e todas as minhas tentativas de ser feliz frustradas. Prestes a me separar, decidi lutar pela minha família e procurar ajuda onde eu sabia que iria encontrar. Fui a uma igreja e lá tive a melhor experiência da minha vida.

No dia 6 de dezembro de 2019, me rendi a Jesus dizendo: "Senhor, me rendo e peço perdão. Estou disposta a perder a minha família e meus filhos, mas nunca mais quero Te perder". Clamei a Jesus de todo o coração e senti Sua Presença. Desde aquele dia, minha vida mudou, o vazio que eu sentia no meu interior, não existia mais. O Senhor, em Sua infinita bondade, colocou pessoas em meu caminho pelas quais pude viver o extraordinário de Deus.

Meu casamento foi reconstruído e, hoje, vivo as maravilhas do Senhor. Fui transformada na área financeira e, principalmente, na espiritual. As experiências e dores do passado foram os passos que tive que percorrer para conhecer verdadeiramente a Jesus, Aquele que morreu por mim, que perdoa e joga no mar do esquecimento todos os meus pecados, que restaura e coloca tudo no seu devido lugar.

Vejo a minha vida como a de José. Creio que a maioria das pessoas conhece essa história: José era filho de Jacó e, por ser o caçula, causava muita inveja em seus irmãos. Por raiva, os irmãos dele o jogaram em um poço. Mas quando viram a tropa de Potifar, resolveram vender José como escravo. Mesmo sendo rejeitado, a luz de Deus estava com ele em todos os lugares. Na cadeia, onde virou líder, ou como governador, o Senhor não o deixou.

Ao me entregar a Jesus, tive a vida transformada. Resolvi buscar o que realmente Ele queria de mim, pois entendi que cada um tem um propósito para cumprir aqui na terra. No mesmo dia em que tive aquele encontro com Deus, decidi que, mesmo que me atirassem em um poço escuro, eu sairia de lá com a força do Espírito Santo.

Tem uma história que gosto de contar, sobre um porco e um poço. Certo dia, três amigos resolveram jogar um porco em um poço para matá-lo soterrado. Porém, quanto mais eles jogavam terra, mais o porco se sacudia até que conseguiu se salvar e sair tranquilamente. Essa história nos mostra que determinação é tudo. Foi isso que aconteceu comigo. Busquei a cada dia sacudir a terra que caía sobre mim e escalar o poço no qual me encontrava. Eu estava certa de que não seria com a força do meu braço e, sim, uma ação conjunta de Deus e minha vontade, de não ficar mais naquele lugar.

Deus usou pessoas para que eu pudesse entender mais da Palavra e conhecê-lO profundamente. Percebi que ficar deprimida com as coisas passadas ou ansiosa pelo que poderia acontecer, só me privavam de desfrutar dos milagres do Senhor em minha vida.

E isso realmente aconteceu. Meu casamento foi restaurado, juntamente com todos as outras áreas da minha vida. Descobri minha identidade em Cristo, ativando que eu sou filha amada do Senhor, uma mulher forte, cheia de sonhos e que tem um ministério lindo e extraordinário para conduzir, que é minha família.

Por todas as provas de amor que Jesus me deu, hoje posso ministrar para mulheres, ensinando os passos para que cheguem até a Cruz e depositem suas dores e seus sonhos lá, sendo livres para seguirem o seu propósito, mudarem a sua história e impulsionarem a transformação de outras mulheres.

Creio que segui os mandamentos e os princípios do Senhor. Todas podem desfrutar e tomar posse do que já foi reservado para nós, filhas amadas do Senhor.

"Quem terceiriza suas escolhas, não colhe resultados, mas quem escolhe andar na vontade de Deus, colhe uma vida cheia de milagres."

Martha Carvalho

Melissa Leal

Sou Melissa Leal, casada com o pastor Rogério Leal, há 24 anos, e mãe de 4 filhos: Lucas, Ana Lara, Levi e Ana Lívia. Fui mãe em tempo integral e, sem que eu pudesse imaginar, minha casa era onde Deus estava me forjando. Foi no meu lar que o Senhor foi ministrando todos os dias, me fazendo ver além do ordinário do meu dia a dia.

Entender quem sou em Deus, me mostrou o maior título que alguém pode ter: o de filha de Deus. Esse encontro com o Abba Pai transformou minha vida e, por mais que a religiosidade quisesse me dominar, o Espírito Santo gritava dentro de mim a necessidade de uma transformação genuína.

Sou seminarista em Teologia, pastora auxiliar em minha igreja local, sirvo no ministério de mulheres e, desde os meus 12 anos de idade, ministro para as crianças. Hoje, pastoreio o ministério Kids e tenho visto Deus se manifestar nas crianças e através delas. Ser cuidada e cuidar, têm sido um privilégio e alegria.

mel_leeal

melferreiraleal@gmail.com

19 PRIMEIRO EM MIM E, AGORA, ATRAVÉS DE MIM

Por Melissa Leal

A primeira memória que tenho não é a dor insuportável dos 42 pontos da minha cirurgia bariátrica, mas sim, as palavras de um outro paciente no leito ao lado do meu na UTI. Naquele momento, eu só imaginava que tinha que aguentar, como ouvi tantas vezes no passado: "Seja forte, você não pode ser tão fraca assim". Eu tentei, tentei muito, mas a dor era uma dor de morte. Eu chorava tanto que nem mesmo os remédios eram suficientes para tirar a minha dor.

Aquele homem, que jamais vou esquecer sua voz, levantou uma das mãos e, mesmo com dor, pois tinha passado por uma cirurgia cardíaca, começou a fazer por mim a oração mais linda e cheia de amor que recebi. Um desconhecido, em uma situação semelhante à minha, mas que viu a minha dor e, sussurrando, orou: "Tira toda a dor da Sua filha, Jesus. Cuida dela, não a deixe sofrer assim, ela é Tua filha".

Aquela oração me fez enxergar que não importa o lugar, Deus levantará pessoas para guerrear por você, se preciso for, pois nunca estamos sozinhos. Naquele momento, comecei a perceber que tinha algo estranho acontecendo comigo, não era apenas uma cirurgia estética, ali, naquela UTI, o relógio à minha frente sinalizava que o tempo do abrir e fechar dos meus olhos se passavam rapidamente.

Era o início de uma difícil jornada de 8 meses, mas de uma história que o próprio Deus escreveu para a minha vida, e aqui abro um parêntese, pois não creio que Deus nos faz mal para cumprir algo, creio no pecado herdado desde Adão e Eva, mas que mesmo através das nossas dores e aflições terrenas, Ele as usa para a Glória dEle. Sabemos que Deus age em TODAS as coisas para o bem daqueles que O amam, dos que foram chamados de acordo com O seu propósito (Romanos 8:28). Como creio nessa verdade revelada na Palavra de Deus! e vivo todos os dias alicerçada nela!

Pela primeira e única vez, passei os aniversários das minhas meninas longe delas e, hoje, enquanto escrevo este capítulo, achei os desenhos que elas fizeram para mim. Lágrimas escorrem dos meus olhos nesse momento, pois foi o presente que levaram ao hospital naquele dia 20 de fevereiro, dia da alta da UTI. Um derrame pleural era o que eu sabia como causa das dores, além da falta de ar e da necessidade de uma pulsão no pulmão. Quantos detalhes do amor de Deus vivi naquele hospital: meu marido, meus filhos, minha família, meus amigos, os enfermeiros, os médicos, os radiologistas e a moça da limpeza; cada um era como um instrumento de amor e manifestação do cuidado de Deus.

Eu começava a viver mais uma história escrita por Deus! Alguns dias antes, enquanto me preparavam no centro cirúrgico, eu vivi um dos momentos mais intensos com Deus. Estava deitada na maca e, por alguns instantes sozinha naquela sala gelada, ainda me questiono se realmente todos saíram, pois tudo o que eu consegui ver e sentir foi a Presença do meu Abba enquanto eu O adorava naquele lugar frio. Sua presença me aqueceu e nessa hora o Espírito Santo começou a ministrar em meu coração uma música que se tornou minha (Torre forte):

A cada dia posso viver protegido por Ti, Senhor / E caminhar em segurança / Guiado por Tua mão de poder / Tu és meu refúgio e fortaleza / Socorro bem presente / Por ti protegido estou / Minha torre forte / Não temerei o dia de amanhã, pois o Senhor não mudará / Eu habito no esconderijo do Altíssimo, não temerei!

Essa foi minha canção naquele momento, uma verdade cantada de quem Ele é para mim. Vi pela primeira vez, com os meus olhos, a Glória de Deus manifesta. Aquele momento foi Deus dizendo: "Filha, estou contigo!" E tenho caminhado nessa palavra até os dias de hoje. Era o início do meu milagre.

Após 20 dias, o diagnóstico mudou toda a minha vida: neoplasia gástrica, um câncer no estômago. Na cirurgia, foi feita a remoção não só do tumor, mas de todo o meu estômago, um pedaço do pâncreas e do baço. Estava com metástase carcinomatosa gástrica em um dos linfonodos, em outras palavras, é um tipo de célula que pode se espalhar para outros lugares do corpo.

Foram 8 meses de tratamento de quimioterapia e radioterapia, e na primeira sessão, enquanto aquele remédio entrava em minhas veias, em meus pensamentos eu declarava a cura do Abba sobre mim. Eram como gotas de cura passando em meu corpo, embora o meu físico passasse por esse processo que trazia também sintomas tão difíceis de suportar que eu não comandava mais meu corpo. Fraqueza, tontura, enjoo, dores musculares, vômitos e todo o conjunto de sintomas da quimio. Foram 16 kg perdidos em apenas um mês, ao ponto de não conseguir dar a mão para a minha bebê de 2 anos de vida e ajudá-la a se levantar. Precisei, nesse momento, de ajuda para fazer as coisas mais simples do ordinário do meu dia a dia. Ah, e como o ordinário me forjou, me tratou e me curou de mim mesma! Este lugar simples, sem nenhuma plateia, revela quem somos, sem máscara alguma.

Em uma tarde trancada em meu quarto, cansada, sem forças, enquanto enxugava mais uma vez minhas lágrimas, a firme voz do Espírito Santo sussurrou em meus ouvidos: "Se levante, seja forte e corajosa!" Literalmente me arrastando, corajosamente, olhei para o que refletia no espelho do banheiro e me deparei comigo. Uma realidade difícil de encarar, mas vi, ali, a verdade que somente eu e meu Abba conhecíamos, não dava mais para fugir ou tentar esconder. Aquele momento foi assustador, mas também libertador, um encontro da realidade sem máscara, sem "aparência".

Tive o privilégio de nascer em uma família cristã, que ama ao Senhor, então servir e estar na casa de Deus sempre foi uma alegria. Cresci amando e conhecendo a Ele como Deus, mas existia algo dentro de mim que precisava ser colocado em ordem, uma imagem distorcida de quem eu era e de uma paternidade ferida.

Naquele instante, meus olhos se abriram para ver a realidade da menina machucada, ferida, cheia de traumas e dores de uma vida bela, mas que sua alma gritava por socorro.

Passei em minha infância por dores profundas, duas separações dos meus pais com um longo e doloroso processo de divórcio e, meus irmãos de 9 e 3 anos de idade, que passaram a ser, em meu coração, responsabilidade minha. Embora o sentimento fosse de abandono e rejeição, seguia em frente, fazia de tudo para proteger meu pai e meus irmãos de palavras ditas que ninguém deveria ouvir. Como foram difíceis os meses que seguiram até o fim do casamento! Me lembro do meu irmão caçula dizer ao entrarmos no carro: "É, papai, agora somos só nós a nossa família". Foi como se uma punhalada tivesse sido dada em mim naquele momento: traição, abandono, rejeição, mágoa, raiva, indignação e um buraco vazio fizeram morada em mim sem eu perceber.

Mamãe também seguiu a vida dela também e foi a trabalho morar em outro país durante 9 anos. Esse foi o período mais difícil para todos nós, mas confesso que naquela época não tinha ideia do quanto eu estava ferida e que tudo o que passei desde a infância trariam consequências no âmbito físico, emocional e espiritual.

E foi ali, em frente ao reflexo do espelho, que deparei com uma imagem totalmente distorcida de quem eu era. Me procurei, mas não me encontrei. Agora não dava mais para fugir, precisava, enfim, enfrentar o que ao longo dos anos fui deixando para trás: eu mesma, minha identidade. Algo, porém, foi mudado naquele instante porque o doce amigo Espírito Santo trouxe a revelação de uma oração feita há 14 anos, que naquele dia fazia sentido.

Na igreja onde congregava na época, casada e com os meus 4 filhos pequenos, foi um período em que passamos por dificuldades financeiras e, em um determinado culto, quando uma campanha para bancos novos da igreja foi lançada, meu coração, confesso, se entristeceu, enquanto meus irmãos se ajoelharam ao entregarem sua oferta ao Senhor. Naquele momento chorei muito dizendo a Deus de todo meu coração que eu não tinha nada, absolutamente nada a oferecer, disse que estava pior que a viúva pobre, não tinha nem uma moeda sequer (Marcos 12:41-44). Ali, Deus me perguntou: "E o que você tem?" Me constrangi com aquela pergunta, e com meu coração apertado, respondi: "Nada, não tenho nada além de mim".

Naquele momento ouvi a resposta que mudou a minha vida: "Filha, sua vida é tudo o que Eu preciso, sua vida para a minha Glória é tudo o que Eu preciso". Chorando, respondi: "Então, eis-me aqui!".

Nessa passagem, Jesus a observa. Não é um olhar qualquer, pelo contrário, Ele realmente presta atenção nela, viu a motivação em seu coração, ele sabia que diante de tantas ofertas, a dela provavelmente era a menor, e mesmo assim, não deu desculpas e ofereceu tudo o que tinha.

Quantas desculpas damos para não oferecer tudo o que temos ao Senhor? Achamos que o que temos é pouco e pequeno, que ninguém sofreu o tanto que sofremos, mas a grande verdade é que ninguém é tão pobre que não tenha nada a oferecer, seja um abraço, um sorriso, uma palavra amiga ou uma oração. Dar tudo o que temos é entregar nossa vida sem nenhuma restrição aos planos perfeitos dEle para nós.

Hoje, entendo o sim daquele dia, o que eu disse ao Abba naquela noite mudou minha vida para sempre. O nosso milagre interno acontece primeiro, antes do milagre externo, porque nosso exterior só vive o que dentro de nós já foi gerado por Deus. Deus jamais vai nos deixar no conforto para não mexer naquilo que nos machuca, pelo contrário, Ele nos trata e cura para que, através de nós, sejamos canal de cura aos outros também. Deus não olha nossa limitação humana, até porque conhece nossa estrutura, mas Ele nos vê além, por dentro, e nos reconstrói, se preciso for, para cumprir o propósito nEle.

Deus sempre vai nos fazer andar uma milha a mais e claro que isso sempre custará algo. A decisão de romper é nossa, mas sempre protegidos, melhores e mais preparados para cumprir tudo aquilo que o Abba quer fazer em nós e através de nós. Quando olho para o que tenho em minha bagagem, o que carrego dentro dela sinaliza para onde estou indo; sempre o que carregamos em nossa "mala" vai sinalizar o nosso propósito.

Hoje, a cada seis meses, preciso continuar dependendo da graça e favor de Deus. Tenho duas escolhas: prosseguir confiando nas promessas de Deus sobre a minha vida ou esperar os diagnósticos chegarem. E eu decidi CONFIAR e PROSSEGUIR todos os dias.

"O nosso milagre interno acontece antes do milagre externo, porque nosso exterior só vive o que dentro de nós já foi gerado por Deus."

Melissa Leal

Newton Losi

Newton Losi é empresário e diretor proprietário das empresas Gaditas e Curtume Pioneiro. Cursou administração pela PUC Campinas e trabalhou em empresas nacionais e multinacionais. Sua atuação à frente da Curtume, empresa fundada em 1899, dá continuidade ao trabalho de seus ancestrais.

Esportista de alto desempenho desde a juventude, já participou de provas de *triathlon*. Atualmente, seu esporte principal é *mountain bike*, no qual participa de provas nacionais e internacionais.

Como secretário regional de missões da sua igreja, a Brasil para Cristo, tem visitado vários países, conhecendo a realidade e levando a Palavra de Deus até os confins da Terra. Já esteve em mais de 190 países, explorando, conhecendo novas culturas e vivenciando experiências em 5 continentes, nos lugares mais remotos de nosso planeta.

newton_losi

newtinholosi@gmail.com

20 A HISTÓRIA DE UM TEMPLO PARA O SENHOR

Por Newton Losi

O que leva um empresário a fazer uma igreja dentro de sua própria empresa? Nasci em Botucatu, uma cidade do interior de São Paulo com uma população em torno de 150.000 habitantes. Durante a minha infância, pude brincar na rua em frente à nossa casa e andar de bicicleta por onde quisesse. Era um tempo em que não existia celular e os brinquedos eram mais simples.

Naquele tempo, meu pai tinha uma kombi e, aos finais de semana, íamos para um rancho que pertence à nossa família, em um lugar chamado Rio Bonito, onde podíamos brincar na represa e ter contato com o meio rural. Acordávamos cedo e íamos a uma fazenda de amigos para tomar leite tirado direto da vaca. Era uma alegria fazer esse programa com meu pai.

Meus pais eram católicos e minha mãe nos levava à missa aos domingos. Fiz catecismo e cheguei a ser coroinha da igreja, mas com o tempo acabei me afastando das obras do Senhor, talvez por não estar convertido e não ter o entendimento da Palavra, na época.

A empresa

Minha descendência vem de meu bisavô: Atilio Losi, um italiano que chegou de navio emigrando da Itália aos seus 7 anos de idade. Atilio Losi foi um empreendedor. Montou uma fábrica de fósforo e, como não tinha máquinas no Brasil naquela época, importou da Itália. Toda a operação e negociação eram feitas por cartas e alguns negócios às vezes demoravam anos para se concretizar.

Os anos foram passando, a família crescendo, a primeira esposa faleceu, ele se casou novamente e, ao todo, foram onze filhos dos dois casamentos. Com a família grande e preocupado em encaminhar seus herdeiros, ele montou um curtume, uma empresa de fabricação de couro para cintos, solas de sapatos, produtos para pet, colágeno etc., e colocou o nome de Curtume Bela Vista. Meu bisavô trouxe seus filhos para esse negócio que prosperou e pôde dar suporte para as famílias. Com o tempo e sua experiencia adquirida, meu avó Bruno Losi ampliou os negócios e adquiriu o Curtume Pioneiro de uma família que não estava conseguindo gerir o empreendimento. Com a compra da nova empresa, meu pai, ainda na adolescência, começou a trabalhar na administração para ajudar meu avô. Foi nesse ambiente que fui criado. Nas férias escolares eu ia quase todos os dias à empresa, fazia pequenos serviços de *office boy* e organizava documentos.

Hoje, vejo toda essa tecnologia, e lembro as dificuldades que tínhamos no passado, com as máquinas de escrever, fax para enviar documentos, telex para receber pedidos e filas intermináveis nos bancos para pagar contas. Era do Curtume Pioneiro que vinham nossos recursos para viver, pagar as escolas e comida. Tínhamos uma vida boa e próspera. Mas, em 1986, começamos a passar por uma crise nos negócios. O dinheiro foi ficando escasso e tivemos que segurar todas as despesas.

A formação

Foi nesse período que passei na faculdade em Campinas. Meu sonho de fazer uma universidade e morar fora de Botucatu estava se realizando, meus pais ficaram felizes com a notícia. Mas, no dia seguinte do resultado do vestibular, eles me chamaram para uma conversa e disseram que não poderiam me ajudar com as despesas da faculdade, como aluguel de moradia e comida. Foi um banho de água fria, só que não desisti. Fui falar com minha avó e perguntei se ela poderia pagar minhas despesas até eu arrumar um emprego. Minha avó concordou em me ajudar e fui para Campinas morar em uma república de estudantes de Botucatu que me acolheram. Consegui arrumar um emprego em um banco e, como eu tinha um carro (um Gol), comecei a transportar estudantes da minha cidade para Campinas e vice-versa. Cobrava o valor da passagem de ônibus e o valor conseguia pagar a gasolina e ainda sobrava um dinheiro.

A partir do terceiro ano da faculdade, transferi o curso para o período da noite, pois comecei a trabalhar em uma multinacional, a Carborundum, instalada em Vinhedo. Em 1996 esta empresa foi adquirida pelo grupo Saint-Gobain. Foi um aprendizado muito grande nessa fase, pegar o ônibus da empresa de madrugada para trabalhar, estudar à noite, me manter e pagar meus estudos. Tudo isso foi uma boa e importante escola. Mas a minha intenção, desde o início da faculdade, era voltar para Botucatu e cuidar dos negócios da família.

Durante todo o período da faculdade, quando retornava aos finais de semana, recebia um relato da situação financeira da empresa que desde a minha saída não tinha melhorado, na verdade, tinha piorado, e no último ano antes de eu chegar, a empresa pediu concordata.

Concordata ou recuperação judicial é um instrumento previsto na legislação brasileira em que a empresa devedora entra na justiça e permite uma prorrogação e renegociação de seus débitos com fornecedores, sob mediação da justiça. Foi nessa situação que voltei para a minha cidade. Assumi uma empresa com uma dívida gigantesca, praticamente parada por falta de recursos e com maquinário sucateado por falta de investimentos. Com pouca experiência e sem recursos, comecei a trabalhar. Alguns fornecedores me deram crédito e assim que vendia as mercadorias pagava as dívidas. Durante nossa melhor fase, chegamos a ter mais de 100 funcionários, fora o administrativo. Quando voltei, éramos apenas três pessoas no escritório: meu pai, minha mãe, que se propôs a nos ajudar e, eu. Na produção, também recomeçamos com três funcionários. Muitas vezes entrei na produção para ajudar com o serviço.

A virada

Com o tempo, fui aprendendo. Comecei a renegociar o que devia, visitei pessoalmente cada credor com propostas de pagamento e quitei todas as dívidas da recuperação judicial. A partir desta mudança, entramos em uma nova fase de investimentos pesados. Fiz galpões novos em toda a empresa e importamos e trocamos todas as máquinas da produção. Essa fase também produziu ganhos para a minha vida pessoal, construí minha casa e adquiri outros bens. Comecei a frequentar altas rodas da sociedade pelo Brasil, festas em Brasília, Florianópolis, eventos em barcos etc. Eu estava vivendo um sonho que talvez muitos gostariam de viver. Uma vida com badalação, mas, dentro de mim, existia um vazio muito grande e tudo o que eu estava vivendo não bastava, não estava me preenchendo.

A conversão

Eu estava um dia em casa e lembro que cheguei a chorar e pedir a Deus para me ajudar a encontrar um caminho. Comecei a busca, fui a reuniões espiritas, depois a algumas missas, em algumas igrejas, até então, nada me animou a continuar. Foi quando alguém me falou de uma igreja em um bairro de Botucatu que tinha um pastor muito usado por Deus. Resolvi fazer uma visita à igreja Brasil para Cristo, sabendo que o culto era às 19h30. Quando cheguei, percebi que a igreja estava lotada e tive que assistir ao culto na porta. Lembro de ter gostado bastante da pregação do pastor Valter. Eu já tinha tido uma experiência em cultos quando a sogra de um diretor da empresa pediu para fazer algumas celebrações na minha empresa. Na época, foram feitos 4 cultos com muitos convidados.

Comecei a frequentar essa igreja todas as semanas, e começava a sentir um alívio na alma com a Palavra e os louvores. Em um dia, quando estava no culto, o pastor Valter parou ao meu lado e me disse: "Assim diz o Senhor", e começou a descrever tudo o que eu estava sentindo. Falou sobre o dia que chorei e fiz o pedido a Deus para me dar uma direção. Foi uma surpresa, porque as coisas que ele falou somente eu sabia, eram de meu íntimo secreto. Ele disse, também, que Deus tinha uma obra muito grande em minha vida e que eu seria pregador da Palavra. Naquele momento, percebi que Deus existe e cuida daqueles que O temem e O buscam de coração.

Aquele foi meu primeiro encontro com Deus. Me dediquei e O busquei com todo o meu fervor, pois percebi que estava acontecendo uma transformação de dentro para fora. Comecei a deixar as coisas do mundo, as festas não faziam mais sentido, algumas amizades não combinavam com essa nova fase. Institui um culto num salão provisório na empresa, onde convidava pastores para ministrarem a Palavra. Estava tudo indo muito bem, quando a crise chegou novamente.

A crise

Uma nova crise chegou ao nosso setor em 2009. Para se ter uma ideia, de dezenove curtumes que existiam no estado de São Paulo, dezesseis fecharam. As vendas estavam paradas, nosso capital de giro terminou e comecei ter grandes dificuldades de pagar as contas. Parei, inclusive, de pagar os empréstimos aos bancos, referentes às máquinas financiadas. Dessa vez era a minha gestão, minha responsabilidade. Todas as minhas falhas, erros e acertos estavam sendo provados. Chegaram momentos em que as visitas de oficiais de justiça eram frequentes. Eu pagava somente os funcionários em dia, quando não conseguia pagar a conta de luz, ficávamos no escuro. Foi um período de humilhação e deserto.

Cheguei a questionar a Deus, continuava caminhando com Ele, mas parecia que não tinha resposta. Estava prestes a desistir, quando fui conversar com uma irmã da igreja pedindo conselhos. Disse a ela que não daria para continuar, que minha situação era impossível. A resposta dela foi clara: "Nada é impossível para Deus, apenas creia e use sua fé que você vai sair dessa". Recebi essa palavra e fui à luta no trabalho, nas orações e nas campanhas para Deus.

Algum tempo depois, os milagres começaram a acontecer. Clientes novos chegaram, exportações grandes aconteceram, acordos com os bancos e novamente tinha superado as dificuldades.

Nestes momentos difíceis, eu sei quem esteve ao meu lado me ajudando e amparando. Minha gratidão e honra ao Senhor. *"O Senhor é quem vai adiante de ti; ele será contigo, não te deixará, nem te desamparará; não temas, nem te atemorizes."* - Deuteronômio 31:8.

A partir de tudo isso que passei, resolvi fazer um altar em gratidão para o Senhor e construí uma igreja dentro da empresa.

Hoje temos cultos em algumas manhãs. Eu sou o pastor e continuo firme na obra como secretário de missões da Igreja Brasil para Cristo, com mais de 2.000 templos pelo Brasil, em 30 países, com 260 missionários.

Toda a honra e glória somente ao Senhor.

"Nunca é tarde para recomeçar e viver um novo caminho aceitando Jesus como Seu único Salvador."

Newton Losi

Pr. Pedro Henrique Vilalta

Sou Pedro Henrique Vilalta, servo de Jesus Cristo, separado para o Evangelho de Deus, formado em Teologia pela Facecads, bacharel em Administração de Empresas, MBA pela Facens e pós-graduado em Docência do Ensino Superior e Ciências da Religião (FAVENI).

Atualmente, como pastor da Igreja Assembleia de Deus ministério do Belém, campo de Sorocaba, Convencionado pela Confradesp e Cgadb, professor no Curso Básico e Médio de Teologia (Cecads), casado com Rute Maria da Silva Vilalta e Pai da Pietra Luisa da Silva Vilalta.

Pedro_vilata

+55 (15) 99643-1232

21 VIVENDO O EXTRAORDINÁRIO DE DEUS

Por Pr. Pedro Henrique Vilalta

O ano era 1989 e me lembro como se fosse hoje; nunca mais saiu da minha mente ou do meu coração as palavras que ouvi naquela noite. Como é costume de muitos irmãos, estávamos reunidos após o culto e, de repente, um pastor usado por Deus que eu não o conhecia, olha para mim e diz: "Deus levantará esse menino para o ministério; ele será um pastor!". Mesmo sem entender muita coisa, pois tinha apenas 6 anos de idade, aquelas palavras me abraçaram.

Minha vida dedicada ao Reino de Deus começou muito cedo. Quando eu tinha 2 anos de idade, meu pai, pastor Pedro Luís Vilalta, servia a Deus como diácono junto com minha mãe, Teresa Vilalta, e já atendia aos cultos nos lares, e nós, filhos (Cristiane Marcela Vilalta, Pedro Henrique Vilalta e Mateus Vilalta) os acompanhávamos em todos os cultos.

Quero deixar uma observação, dizendo, que na minha vida ministerial, em primeiro lugar está o nosso Deus, através de Seu filho Jesus Cristo, e depois meus pais, que são minhas inspirações para a chamada ministerial.

A palavra "chamada", tem como significado: Ela vem de chamar, do Latim CLAMARE, "chamar, gritar por"; Que foi convocado, convidado, escolhido.

Observando o amor com o qual meus pais trabalhavam e aplicavam o coração em favor das pessoas, fui sendo impactado e já não precisavam mais para me pedirem para acompanhá-los, pois isso me dava prazer.

O Evangelho se faz necessário ser vivido dentro de nossas casas. A mesa é um lugar de comunhão e de culto a Deus, onde a adoração e a celebração sempre começam dentro de nossos lares.

Quando eu tinha 7 anos de idade, meus pais pastoreavam uma igreja na cidade de Rafard, em São Paulo, no bairro de Sete Fogões, e com a falta de músicos na igreja, meus pais, então, nos colocaram para estudar música; comecei a aprender violão popular e minha irmã Cristiane, teclado.

Sendo apaixonado pela música e agora sendo introduzidos na igreja, muitas crianças e adolescentes começaram a ser influenciados pela musicalidade e, em pouco tempo, já tínhamos um pequeno grupo de louvor.

Em toda minha trajetória até os dias atuais, tudo o que foi me dado como missão, me entreguei de todo meu coração, pois fazer parte de um reino eterno se tornou apaixonante.

Ao fazer parte do ministério de louvor, comecei a perceber no início da adolescência, que Deus começou a me direcionar para uma chamada mais específica. Mesmo sem entender muitas coisas, a leitura da Palavra de Deus começou a se tornar cada vez mais intensa e viva ao ponto de eu entrar no meu quarto e chorar muito sobre as escrituras, onde as lágrimas molhavam as páginas dos textos sagrados.

Percebi que Deus começou a me cercar de uma forma sobrenatural, e me perguntei muitas vezes: "Será que todas as pessoas passam por isso?". Sem repostas, continuei fazendo parte do ministério de louvor.

Aos 17 anos, recebi o convite para liderar o departamento de jovens e, com muito temor e tremor, aceitei. Ainda muito jovem e inseguro, um novo ciclo na minha vida deu início, pois as responsabilidades estavam aumentando e agora seria necessário trabalhar diretamente com pessoas em relacionamentos diversos.

Liderar é inspirar, transferir a paixão que temos para outros soldados que foram alistados para o exército do Rei dos Reis. Um grande desafio estava sob sob minha responsabilidade, mas mesmo com muito temor, iniciamos.

Com alguns dias desenvolvendo a função de líder de jovens da igreja, confesso que essa tamanha responsabilidade não estava nos meus planos, pois sendo músico desde a minha infância, estava muito confortável e prazeroso e no meu entendimento já estava fazendo a vontade do Pai celestial, mas a liderança dos jovens me chamava para uma outra rota de responsabilidade. Como o profeta Jeremias pensava no capítulo 1, versículo 5, eu também me sentia pequeno e incapacitado, mas a vontade soberana de Deus estava me cercando e me via agora como está registrado em Salmos139:

"Senhor, tu me sondas e me conheces. Sabes quando me sento e quando me levanto; de longe percebes os meus pensamentos."

Percebi, então, a cada minuto, hora e dia, que não haveria possibilidade de escapar dessa chamada tão impactante da qual Deus me cercava. Deus com sua graça me abraçou e me constrangeu com seu amor (amor Ágape = sacrificial).

Os anos foram se passando e, além de estar à frente de uma liderança de jovens, o Espírito Santo me despertara para ministrações nas igrejas. Meu coração queimava a cada dia mais ao ler as escrituras; os versículos saltavam aos meus olhos e já não podia conter mais, e em lágrimas Deus falava fortemente em meu coração.

Comecei a estudar teologia e a me preparar, porque já sentia que algo grande estava para acontecer.

A partir desse momento, comecei a receber muitos convites para ministrar em muitas igrejas, enfrentar os púlpitos e os pequenos e grandes públicos. Foi desafiador para um jovem que sempre esteve escondido atrás dos instrumentos musicais, mas após Deus me presentear com minha maravilhosa esposa (Rute Vilalta), fui direcionado ao diaconato e alguns meses depois, fui conduzido ao presbitério.

Como presbítero da igreja, ainda na liderança dos jovens, agora junto com minha esposa, Deus estava fazendo coisas extraordinárias. Muitos jovens foram restaurados e, atualmente, muitos deles deram grandes frutos para o Reino. Porém, de repente, nosso pastor setorial (Adilson Soares da Silva) entrou em contato conosco para uma possível conversa em seu gabinete e assim fomos. Nosso pastor nos contou que uma congregação estava precisando de um alguém para pastoreá-la; Feito o convite, oramos a Deus e pedimos vários conselhos para homens experientes como meus pais e meus sogros (Pr. Irineu Martins e Pra. Lia).

Chegamos à conclusão de que aceitaríamos o convite de pastorear aquela congregação do ministério Assembleia de Deus, ministério Belém, no Campo de Sorocaba, na Cidade de Cerquilho em São Paulo.

No dia 10 de agosto de 2017, estávamos assumindo a pequena congregação, e assim se iniciava nossa jornada pastoral. Mais uma promessa feita em minha vida estava se cumprindo: quando Deus fala, Ele cumpre.

Agora tínhamos uma grande missão: ganhar almas e fortalecer as pessoas que estavam sendo restauradas pelo poder do Evangelho de Jesus Cristo, pois a igreja é um centro de recuperação, onde precisamos entender que muitos estão esperando uma palavra de esperança. Também precisamos entender que somos dependentes de Sua maravilhosa graça todos os dias.

Me lembro como se fosse hoje, fazia apenas algumas semanas que estávamos na direção da igreja como pastores, surgiu então o primeiro e grande desafio: durante o culto comecei a sentir fortes dores na parte de trás das minhas costas. Tempos atrás, havia sido detectado pelo médico uma pedra de 8 mm em um dos meus rins. Por ser uma pedra impossível de ser expelida devido ao tamanho, a dor foi apertando, se tornando insuportável, e quando o culto terminou, alguns irmãos, como costume, nos pediram oração em favor de suas necessidades e mal sabiam que o pastor da igreja estava com muitas dores. Assim que terminou o culto, comuniquei a minha esposa que eu não estava bem e que sentia muitas dores. Corremos para casa orando e pedindo a Deus que me curasse daqueles sintomas.

Quando cheguei em casa, senti vontade de urinar e, de repente, aquela pedra de 8 mm que o médico disse que não iria sair, saiu sem causar danos e Deus foi glorificado. Ali pude ver a mão de Deus mais uma vez em minha vida.

Aos poucos as pessoas começaram a conhecer nossa igreja e, assim, desenvolvemos um trabalho intenso no estudo e conhecimento das escrituras, com um cuidado especial em atender e cuidar de pessoas feridas.

Deus começou abençoar a congregação e, as pessoas começaram a chega: homens, mulheres, jovens até mesmo famílias inteiras. Cada dia que passava Deus ia confirmando Sua vontade, que é boa, perfeita e agradável.

Quando iniciamos o pastoreado, orávamos a Deus pedindo que Ele nos enviasse pessoas para que pudéssemos ajudá-las, e assim Deus fez.

Após três anos pastoreando, fomos obrigados a mudar de localização, pois o salão onde estávamos já não atendia mais o público, e assim começamos a orar pedindo ao Deus Todo-Poderorso que nos mostrasse o novo salão.

Foi quando ficamos sabendo que um salão no centro da cidade, com capacidade para trezentas pessoas, estava vazio. Entramos em contato com os responsáveis e nos mudamos no meio da pandemia.

Quando mudamos para a nova localidade, o novo salão havia ficado grande demais, afinal o antigo espaço cabia cerca de setenta pessoas. Mas Deus é Aquele que cumpre promessas, e Ele havia falado que nos mandaria para um lugar maior onde receberíamos muitas pessoas feridas na alma. As pessoas começaram a vir e conhecer a igreja, e no primeiro ano no novo local, precisamos comprar mais cadeiras. Pessoas de outras cidades vizinhas começar a fazer parte da nossa comunidade.

Precisamos compreender que a igreja não é um clube social, mas sim um local de adoração ao Deus vivo e verdadeiro. A essência deve ser a pregação autêntica das escrituras, pois o poder está na Palavra, a santificação do cristão vem pela Palavra de Deus.

Hoje, pela graça maravilhosa de Deus, a congregação na qual estamos trabalhando para o Reino, já está com 250 pessoas. Deus cumpre suas promessas! Não posso deixar de agradecer à nossa equipe de líderes que trabalharam desde o início, e os que atuam nesta grande obra. Estou convencido de todo o meu coração que não fui chamado por aquilo que sou, mas por quem Deus é.

A igreja é uma organização, mas também é um organismo vivo, pois Jesus ressuscitou ao terceiro dia. Jesus está Vivo!

A igreja avança, pois Cristo é o cabeça da igreja.

Deus não erra em sua chamada, Deus é perfeito.

"Eu de muito boa vontade gastarei, e me deixarei gastar pelas vossas almas, ainda que, amando-vos cada vez mais, seja menos amado". 2 Coríntios 13:15

“Estou convencido de que não fui chamado por aquilo que sou, mas por quem Deus é.”

Pr. Pedro Henrique Vilalta

Raíssa Mendes

Me chamo Raíssa Mendes, tenho 27 anos, sou publicitária e apaixonada por comunicação.

Ser a caçula em um lar pastoral me fez crescer acompanhando de perto diferentes tipos de pessoas, famílias, conflitos, dores, mas, principalmente, testemunhos diários.

Em uma vida nada linear, atualmente estou reaprendendo a me posicionar, pois há não muito tempo perdi minha maior referência feminina e pastoral: minha mãe. Aquela que me ensinou o que é de fato ser uma mulher de ousadia, forte, corajosa, que não tinha os "pés amarrados" e não se deteve diante de qualquer circunstância.

Eu poderia colocar aqui diversos cargos ou funções, descrever detalhadamente aquilo que estudei e suei para conquistar, mas ainda assim, nada se compararia a todos os ensinamentos que ela semeou diariamente na vida de tanta gente, exercendo com excelência a função de mãe, amiga e pastora, sendo simplesmente a Jerusa.

raissa_cmendes

+55 (13) 98865-5160

22 FRUTOS GERADOS NA DOR

Por Raíssa Mendes

Era só um dia ruim em um hospital paliativo exclusivo para pacientes oncológicos, à espera da partida de quem eu mais amei. Cada segundo contava quase que o dobro e nos aproximava cada vez mais depressa da despedida mais dolorosa que já imaginei viver. Ninguém nasce pronto ou possui uma fórmula mágica para reduzir a dor da partida de quem tanto ama e, de longe, eu claramente não me sentia pronta para ver minha mãe partir.

Um dia antes, ao sermos transferidos a este hospital que carinhosamente optei por chamar de "Hospital da Espera", tivemos um momento como família que me partiu em pedaços como filha, mas posso afirmar que tivemos o privilégio de colocar em prática o que ela tanto fez questão de nos ensinar. Ali, ao lado da cama nos reunimos e verbalizamos a ela o que estava em nosso coração e, como uma oração, convidamos o Senhor para ser parte daquele momento. Em TODO o tempo meu coração ansiava e declarava a cura física da minha mãe. Cada gota de sangue no meu corpo carregava o dobro de fé e em momento algum duvidei que ela simplesmente pudesse se levantar curada, orando naqueles corredores, declarando VIDA sobre tantos outros pacientes que estavam naquele lugar, apenas à espera da chamada do Pai.

O medo tentava me afrontar e dizer: "E se ela partir?", mas a fé me potencializava a crer no "mesmo que nada saia como eu idealizei", eu creio e confio na boa, perfeita e agradável vontade do Senhor!

E assim, com um nó na garganta fiz a oração mais difícil da minha vida: "Deus, o SIM ou o NÃO são Teus, mas nós cremos que só o Senhor pode mudar esse quadro, cremos que só o Senhor pode transformar esse diagnóstico e te pedimos a cura física da minha mãe, mas, se essa não for a Sua vontade, eu te peço que prepare o MELHOR CORTEJO, que seja lindo, leve e sem sofrimento. Nós a entregamos a Ti e que seja feita a Sua vontade!".

Que DOR verbalizar cada uma dessas palavras, mas entendo que para viver esse momento é necessário ter principalmente a coragem de simplesmente abrir mão de entender o porquê e o para que tudo isso, ciente de poder ouvir o "não" de Deus sem questioná-lO.

Minha mãe sempre dizia que existem pessoas que precisam ser liberadas, pois o amor prende, e naquele momento, chegou a minha vez de liberar quem eu tanto amei.

Nesse processo entre consultas e exames, eu brincava de vestir cada dia uma capa diferente, mas todos os dias eu precisei da capa da força para trazer nela o sentimento de coragem e amparo enquanto o nosso coração estava em pedaços, mas, naquele momento capa alguma tinha sentido.

A espera chegou ao fim. No dia seguinte à oração, passamos o dia ao lado dela, hora ou outra interagindo, lendo mensagens de carinho, testemunhos, rimos, choramos, mas ali nós literalmente louvamos em todo o tempo! Em um certo momento, a vi olhando fixamente para a porta do quarto com lágrima nos olhos, fui até ela, fiz carinho, conversei, e aos poucos as lágrimas foram ficando cada vez mais constantes e seu semblante ficando cada vez mais evidente de que ela estava contemplando algo que nós não conseguíamos ver. Até que como um suspiro ela partiu e a nós não houve outra reação a não ser louvar e agradecer ao Senhor por todo o tempo que tivemos a alegria e o privilégio de tê-la conosco.

Naquele momento, o quarto foi preenchido com a Presença do Senhor e desfrutamos de um sentimento até então desconhecido em meio a tanta dor. Estranhamente não conseguimos chorar. Estava doendo tanto, mas a certeza de que ela contemplou a beleza do Noivo nos envolvia trazendo o conforto necessário. Naquele momento, a paz que excede todo o entendimento pairou sobre nós e me fez entender que essa paz habita na ausência do desejo de compreender o processo e que, até na dor, há um PROPÓSITO.

A partir dali a capa da vulnerabilidade me vestiu para o início da estação do desconhecido. As dúvidas e a insegurança chegaram à minha porta depois de uma despedida inimaginável de uma mulher, mãe e pastora que foi honrada com um cortejo gigantesco e com pessoas de diferentes nações acompanhando esse momento junto com a gente; estar ali me trouxe à memória a frase que ela tanto dizia: "Filha, você quer conhecer alguém de verdade? Vá ao velório dela. Ali sim você irá contemplar a semeadura de uma vida inteira, desde pessoas que realmente a amavam, até a presença daqueles que foram simplesmente por protocolo".

Depois de uma despedida agitada, com mais de 1.000 pessoas presentes, de repente o silêncio ensurdecedor da ausência passou a rasgar o peito na dura volta à rotina.

A vida seguiu numa pressa desgastante mascarada de produtividade enquanto a dor ecoava no peito, faltava o chão, o sentimento consumia te levando a se questionar de tudo o que foi feito ou do que poderia ter sido diferente. A verdade é que a dor te faz olhar para os momentos e tentar trazer à memória cada segundo vivido incansavelmente com alguém que, infelizmente, não pode mais voltar e resta a nós aprendermos a conviver com a sufocante saudade sendo parte da rotina.

Os dias passam, as mensagens diminuem, os abraços e olhares aos poucos são silenciados e quem sabe seu choro possa até ser questionado. "Você ainda está chorando?". Mas até onde um outro alguém pode dimensionar a nossa dor? A verdade é que ninguém é capaz de entender a força que você está fazendo para simplesmente seguir em frente. É provável que as suas noites sejam mais longas, que seus choros nem sempre sejam compreendidos, que talvez faltem palavras para descrever tamanho vazio e que pessoas a sua volta verbalizem a presença, mas não saibam agir de forma presente em meio a essa estação, mas, com certeza, em cada um desses dias o Senhor estará contigo ciente do que cada lágrima tanto tem a dizer.

Você precisa ser forte, mas não precisa ser agora, você pode se permitir chorar e sentir. Está doendo e não é pouco, talvez só o tempo na presença do Senhor curará cada uma das suas feridas. Eu sei que a dor não te permite ver um futuro com brilho nos olhos, com o desejo de fazer cada dia valer a pena, mas, a partir desse sentimento, você tem o poder de tomar uma decisão e mudar o jogo!

Não pense que isso vai arrancar do seu peito a imensidão de saudade ou reduzir a dor da perda, mas com certeza vai te fazer contemplar a vida de um jeito diferente, afinal, VIVER é se permitir sentir, ainda que sejam as dores.

Estranhamente, é nessa estação em meio a tantas inseguranças sobre o porvir, que ELE mais fala com a gente e, até na nossa vulnerabilidade, ELE nos conduz ao propósito da nossa existência.

Por mais que às vezes o sentimento seja de impotência, haverá dias que você vai precisar lutar contra si mesmo para sair do quarto escuro para que ele não seja o abrigo mais cômodo para enfrentar esse processo. Para esses dias a própria Palavra nos diz que:

"Porque quando eu perco toda a minha força, então tenho a força de Cristo em mim." - 1 Coríntios 2:10

De fato, o caminho se faz ao caminhar e talvez essa seja a estação que mais vá requerer de você a CORAGEM para seguir em frente!

Nem sempre serão flores de celebração; às vezes elas nos serão entregues como um buquê, já em outros, inesperadamente, elas podem vir como uma coroa de flores, mas sabe o que diferencia o intervalo de cada um desses dias? É celebrar cada dia de vida, gerando boas marcas por onde você passa, criando diariamente um legado memorável, para que, lá na frente, você seja lembrado com boas histórias, sem peso, sem remorso, sem arrependimento, por simplesmente ter sido você!

Infelizmente, o luto te faz olhar apenas para a ausência, te direciona no caminho da dor e às vezes te faz esquecer dos inúmeros ensinamentos de quem você tanto amou. Portanto, não permita que nada disso se perca e fique escondido em um quarto escuro, tendo roupas inutilizadas como parte de um altar particular.

Não se enxergue como coitado, pois quanto mais você se vê confortável no sofrimento e na bajulação, mais difícil será reagir e lutar contra esse turbilhão de sentimentos. A verdade é que a dor vai requerer de você novos hábitos, uma nova mentalidade e uma vida de intimidade com o Senhor. Portanto, seja intencional ao se relacionar com Ele diariamente.

A partir de agora você precisa decidir de que forma você quer ser lembrado, afinal, o legado de quem já partiu já está formado e ele não deve ser um peso sobre a sua vida.

Portanto, levante-se! Ter pequenas metas diárias pode te ajudar a seguir em frente e te reajustar em uma nova rotina. Às vezes elas podem ser simplesmente se levantar e arrumar a cama, já em outros casos podem ser um pouco mais complexas. Afinal, nem sempre teremos todas as respostas e nem o tempo todo o Senhor vai direcionar o caminho com tamanha clareza que desejamos, mas isso não quer dizer que Ele esteja ausente no processo.

Em alguns casos, recomeçar será necessário e isso não é saber o que fazer sempre, e sim, seguir em frente mesmo quando você não sabe aonde chegar em meio a tamanha tempestade, mas tendo a certeza diária de que o Senhor está no controle de TODAS AS COISAS.

É, talvez os anos tenham passado e na sua intimidade você segue isolado em um quarto escuro, se permitindo sentir apenas a dor da ausência, deixando de lado os bons conselhos, os ensinamentos, as qualidades e os pequenos gestos. Chegou o momento de você se desligar de tudo, ir à rua, apreciar e contemplar o presente, olhar a sua volta e estar com as pessoas que se importam com você.

Chegou a hora de se desconectar do que é passageiro e VIVER tudo o que o Senhor preparou para a sua vida.

O dia ruim dói, em alguns casos segue doendo no peito, mas ele te gerou grandes marcas e mudanças, te fez amadurecer na marra e esses dias te fizeram ainda mais fortes mesmo em meio a dor.

Às vezes, pode até parecer impossível suportar o processo, mas o ousado amor do Senhor vai muito além da nossa própria compreensão, afinal, chegar ao nosso limite não é chegar ao nosso fim.

Portanto, VIVA o desfrute diário, não apenas seja um sobrevivente à espera da chamada. A partir de agora, construa o seu próprio Legado!

"A paz que excede todo o entendimento não inibe a dor!"

Raíssa Mendes

Raquel Lima

Sou Raquel Lima, natural de Sinop/MT, resido em Dourados/MS com minha querida família: meu esposo Ricardo Nogueira, com quem sou casada há 13 anos, e os lindos filhos que Deus me presenteou, Benjamim e Mariana. Sirvo ao Senhor como pastora, auxiliando meu esposo na Igreja Torre Forte - Ministério Resgatando Vidas. Vim para essa cidade fazer faculdade, e nesta terra me converti ao Evangelho, constituí família e recebi uma missão: cuidar de pessoas através do amor de Jesus. Com isso, renunciei a minha carreira na área jurídica para me dedicar ao ministério. Possuo formação em Direito pela UFGD e sou psicanalista clínica formada pelo Instituto FD, com especialização em Síndrome de Traumas Religiosos. Hoje me dedico a ser um canal de cura aos quebrantados de coração e oprimidos espiritualmente.

Te espero em meu Instagram.

pra.raquellima

+55 (67) 99303-8439

23 CRISTO VEIO PARA LIBERTAR OS CATIVOS!

Por Raquel Lima

A história que vou relatar aconteceu no seio da minha família de origem, e sempre que conto o que passamos, no tempo da minha infância e pré-adolescência, as pessoas costumam ficar perplexas, maravilhadas com o que Deus fez em nosso meio. O que vivenciamos é a prova de que mesmo em situações difíceis, Deus está sempre pronto a nos socorrer. Mas a fé nem sempre foi um assunto importante em nosso lar. Quando eu era criança não recebíamos influência, estímulo ou obrigação ao desenvolvimento da fé, mas me recordo que ao entardecer eu subia no portão de casa e ficava contemplando aquele lindo céu alaranjado de final de tarde enquanto falava silenciosamente com Deus, questionando Sua existência e, ao mesmo tempo, pedindo a Ele que eu pudesse conhecê-lO. O que eu não imaginava é que o Filho de Deus iria se revelar, não apenas a mim, mas a toda a minha família com muita graça, amor e poder, mostrando Sua face libertadora como está escrito em Lucas 4:18:

"O Espírito do Senhor está sobre mim, porquanto me ungiu para anunciar as boas novas aos pobres; enviou-me para proclamar libertação aos cativos, e restauração da vista aos cegos, para pôr em liberdade os oprimidos."

Desde cedo via minha mãe tendo crises fortes de dores de cabeça, sendo internada às pressas, buscando respostas com médicos em outras cidades; eram dias difíceis para ela e para nós que a víamos sofrer e definhar aos poucos. Foram alguns anos de doenças inexplicáveis, idas e vindas a médicos, que me geravam um profundo medo de perdê-la.

No meio desse turbilhão de dores, minha mãe buscou a Deus e se converteu a Jesus Cristo, e então abriu-se de fato uma porta ao evangelho em nossa casa. Agora Jesus era um assunto entre nós, ela lia a Bíblia, nos relatava sobre a salvação, e até nos levava a alguns cultos na igreja em que frequentava. Mas no primeiro momento as coisas não melhoraram, pelo contrário, os eventos que se seguiram foram só piorando. Após minha mãe descer às águas do batismo confirmando sua fé em Cristo, as crises em sua saúde aumentaram e, numa quinta-feira, algo assustador aconteceu. Estávamos assistindo tv quando ela disse: "Preciso que vocês me ajudem a trocar de roupa e me levem ao hospital, pois estou paralisada e não consigo me mover". Meu pai e minha irmã organizaram tudo e a levaram para a consulta onde ela já ficou internada, mas os médicos não sabiam explicar o que estava acontecendo.

Foram dias de muito sofrimento, paralisias que iam e vinham, perdas momentâneas da fala e nenhum diagnóstico médico que explicasse. A cada dia que passava eu via minha mãe sofrendo, emagrecendo, tendo dificuldade para dormir, mas o que ela tinha, e que a medicina não podia explicar, veio a se revelar: ela estava possuída por espíritos imundos, que começaram a falar através dela. O que para mim já era assustador, se tornou um tempo de verdadeiro pavor.

Muitas pessoas não compreendem que o mundo espiritual é tão real quanto o nosso, pois do espiritual fomos originados e que entidades malignas atuam neste mundo caído causando tantos infortúnios, doenças, vícios e prisões espirituais. A Bíblia relata muitos casos de possessões e influências demoníacas sobre a vida das pessoas, como o gadareno que estava endemoniado e nem correntes o seguravam (Mateus 5:1-20); como o homem mudo e endemoniado que Jesus expulsa um espírito maligno e, ficando livre, volta a falar (Lucas 9:33); e a jovem vidente que o apóstolo Paulo, cheio de autoridade, expulsou o espírito maligno que falava através dela (Atos 16:16). Eu que não conhecia nada sobre as hostes espirituais malignas que a Bíblia narra e nem como atuam na vida das pessoas, testemunhei com meus olhos uma possessão maligna dentro da minha casa. Foi um tempo tão difícil, que debaixo de tanto medo e sofrimento, eu mesma cheguei a pensar em desistir da vida.

Enquanto exames eram feitos, e minha mãe levada a psiquiatras, dentro de casa episódios de manifestação de demônios aconteciam. Me lembro da minha mãe ter tremores pelo corpo durante a noite a ponto da cama dela ficar batendo na parede e meus irmãos e eu termos que nos deitar sobre ela para tentar fazê-la parar de tremer. Outras vezes ela acordava já manifestada com uma entidade que imitava a voz de uma criança e ficava nos perguntando onde ela estava, onde eles a tinham colocado, enquanto riam de nós. Nesses momentos ela parecia estar enlouquecida. Muitos episódios aconteciam na madrugada, e em uma, ela já chegou a ir em direção ao cemitério para nos mostrar o túmulo onde ela estava enterrada, pois em alguns momentos ela acreditava estar morta. A verdade é que chegou a um ponto em que a mente dela estava destruída, seu corpo fragilizado e nós, muito cansados.

Foram muitos episódios dolorosos, de manifestações diabólicas dentro de casa a ponto da minha mãe, cansada de tanta opressão, decidir uma coisa: morrer! Ela não aguentava mais tanto sofrimento, dizia sentir como se carregasse um peso de 500 kg sobre ela. Tinha pensamentos demoníacos, vozes que falavam para ela nos matar, e ela, com suas últimas forças, lutava contra todo aquele tormento. Meu pai tinha que se desdobrar para trabalhar, cuidar dela e dos filhos, e eu admiro o quanto ele suportou por nós. No período mais crítico, mesmo sendo pré-adolescentes, nós também fazíamos escalas para cuidar dela, já que houve várias tentativas de suicídio, inclusive uma delas, eu e minha irmã nos ajoelhamos de mãos dadas chorando e implorando para que ela não tomasse os remédios que estavam em suas mãos. Ao acordar, minha irmã me chamava e recolhíamos tudo o que pudesse ser usado em uma tentativa de suicídio. Vivíamos em um estado de alerta e muita tensão, pois em um momento uma entidade falava conosco, em outro ela paralisava no meio da rua correndo risco de ser atropelada, ou ainda encontrávamos ela tentando tirar sua própria vida. Vivemos um verdadeiro caos e, aos poucos, fomos perdendo minha mãe pois eles estavam tomando sua personalidade ao ponto de muitas vezes não a reconhecermos mais.

Os dias iam-se avançando e ela piorando, hoje entendo que aqueles demônios estavam usando todas as artimanhas para tentar ceifar a vida dela e, após tantos episódios de manifestação diabólicas, noites em claro e exaustão, numa tarde em que apenas eu estava fazendo companhia a ela, fui ao mercado comprar um chinelo com a sua permissão. Lá me distraí e demorei a voltar, mas quando cheguei, encontrei a cena mais triste que vi em minha vida. Me deparei com a minha irmã no quintal chorando e gritando: "A mãe se matou!" Nunca senti tamanha dor, minha alma desfaleceu dentro de mim ao vê-la deitada na cama, imóvel, sem responder a nenhum estímulo e meu irmão encontrar as caixas dos remédios, que ela tomou, vazias, em cima do bebedouro. Eu era só uma menina, mas naquele momento me senti fracassada e culpada por não ter percebido que ela tinha tomado os remédios e que o "tchau" demorado que ela me deu, era uma despedida.

Naquele momento tudo estava perdido.

Ao colocarmos ela no carro para levá-la ao hospital, olhei para trás e vi meu irmão de joelhos em nossa área gritando: "satanás, seu covarde, matou minha mãe e agora vem em mim, seu desgraçado!". Tamanho era o desespero dele. Enquanto a levávamos às pressas ao hospital, tomamos um susto, pois um demônio tomou sua boca e, gargalhando, falou através dela: "Matamos a Marina e vamos matar todos vocês, começando por aquele menino!" - isso falando do meu irmão.

Estávamos correndo contra o tempo, chorando de desespero. Não sabíamos que Jesus já estava socorrendo-a, pois quando chegamos ao hospital, o médico não pode fazer nada por ela, pois o corpo já dava sinais de que havia absorvido os remédios que ela tinha tomado há mais de três horas. Foi um grande milagre! Na manhã do dia seguinte, ela volta para casa, mas ainda manifestava demônios, e nossa situação permanecia a mesma, até que, poucos dias depois, meu pai decide levá-la a um evento de louvor em uma quadra de esportes, e nesse dia Jesus apareceu para ela, pondo fim àquela escravidão espiritual.

O relato da minha mãe foi que, ao entrar na quadra esportiva onde estava acontecendo o evento, ela teve uma experiencia sobrenatural, escutou o barulho de um exército marchando e viu homens de armadura dourada, e no meio deles, um homem de branco cuja luz resplandecia fortemente, era o próprio Jesus. Naquele dia o Senhor falou com ela, coisas sobre sua vida, disse que apesar dos erros cometidos, sempre esteve com ela e que a perdoava e a amava. Mostrou, em uma visão espiritual, que estava libertando-a daquele cativeiro e falou para ela não tentar mais contra a própria vida. Após essa visão da glória de Deus, mas ainda com seu corpo debilitado, ela nos reuniu na sala de casa, nos contou a sua visão e nos chamou para jogar fora todos os seus remédios, pois estava curada e liberta. Finalmente tinha chegado ao fim toda aquela dor!

Na noite mais escura das nossas vidas, a luz brilhou rompendo com as trevas; o que ninguém podia fazer por nossa família, Jesus fez! Libertou a minha mãe da escravidão espiritual e nos alcançou com seu amor. Trouxe vida onde só havia morte, deu graça para minha mãe poder ver os filhos crescerem, se casarem e, assistir ao nascimento dos netos. Hoje tenho a alegria de ver minha mãe viva e liberta, brincando com os netos e sei que, sem Cristo, nossa história não terminaria assim.

Quando Jesus alcançou minha mãe, também me salvou. Eu que ainda pequena testemunhei todos esses eventos, tive a revelação do amor de Deus e carrego muitas experiencias de fé. Após anos Ele me ungiu para amar e cuidar daquilo que Ele ama: pessoas. Conheço o amor libertador de Jesus pelo pecador e te convido a recebê-lO em sua vida e deixar que Ele revele seu amor libertador e destrua toda opressão do inimigo sobre você e sobre toda a sua família, *"pois para isso se manifestou o Filho de Deus, para destruir as obras das trevas."* (1 João 3:8b). Não há inferno reunido que possa deter o Senhor quando Ele decide operar, afinal, agindo Deus quem O impedirá?

"Na noite mais escura das nossas vidas, a luz brilhou rompendo com as trevas: o que ninguém podia fazer por nossa família, Jesus fez!"

Raquel Lima

Roberta Romão

Sou Roberta Romão, natural de Volta Redonda, Rio de Janeiro, onde resido atualmente; casada com o Pr. Marcial Junior há 21 anos e mãe da Alice e da Stella. Sou pastora, juntamente com o meu esposo, na Família Viva Açude 2, em Volta Redonda. Ali, cumprimos o nosso chamado, convictos, que foi uma das maiores missões que o Senhor nos entregou: a de apascentar o Seu rebanho com amor. Também sou idealizadora do projeto Tempo de Florescer, despertando mulheres a viverem uma vida com propósito.

Sou empreendedora há 5 anos e fundadora da empresa Roberta Romão Store. Superei grandes desafios e comprovei que é possível exercer a maternidade e ter sucesso profissional. Hoje, tenho clareza do propósito de Deus para mim, que é cuidar da minha família, servir as pessoas e pregar o Evangelho.

roberta.romao

roberta.romao.store

+55 (24) 99836-0730

+55 (24) 99848-9535

robertaromaostore.com.br

roberta.romao@yahoo.com.br

24 A RENÚNCIA É O PONTO DE PARTIDA DE DEUS

Por Roberta Romão

Conheci a Jesus ainda na infância, através da minha mãe que nos levava aos cultos e à escola dominical. Meu pai estava preso no vício do álcool e licenciado do trabalho, e por esse motivo, minha mãe foi para os caminhos do Senhor e criou os três filhos dentro dos princípios da Palavra de Deus.

Passávamos por muitas dificuldades financeiras, então minha mãe começou a costurar para fora e ajudar nas despesas de casa. Caçula de três irmãos, eu era muito agarrada a ela. Enquanto costurava, eu ficava embaixo da sua cadeira até pegar no sono. Também lembro, muito bem, das madrugadas em que despertava com ela em nosso quarto declarando o Salmo 91, em voz baixa, para não nos acordar. Cresci nesse ambiente, vendo a fé da minha mãe em ação, seu esforço para nos criar da melhor maneira e, contemplando a libertação do meu pai, do alcoolismo, através da oração dela. Minha mãe foi a maior referência de mulher forte, em Deus, que já conheci.

Aos 13 anos de idade, comecei a trabalhar dando aula de reforço escolar para as crianças da rua em que eu morava. Enquanto cursava o magistério, trabalhei como vendedora no comércio de rua e no shopping, pois garantindo alguma renda, poderia ajudar minha família.

Aos 22 anos, conheci meu esposo. Ele me aproximou de Jesus, tive a fé consolidada e fui batizada nas águas. Nosso namoro durou pouco mais de um ano, e nos casamos. Aos 26 anos, tive a minha primeira filha, a Alice. Nessa época, eu lecionava em uma escola particular na minha cidade e tinha uma rede de apoio, minha mãe e minha sogra, que cuidavam dela para eu trabalhar meio expediente.

Por conta de um acidente de trânsito que meu esposo passou, contraímos uma dívida do dia para a noite e algumas contas foram acumulando.

Justamente nessa época, fui surpreendida com uma ligação para participar de um processo seletivo, por conta de um currículo que havia enviado há tempos, em uma das melhores empresas para se trabalhar no Brasil, concorrendo a uma vaga na indústria farmacêutica de, propagandista vendedor. Essa porta iria mudar radicalmente a nossa vida e resolver nossos problemas financeiros.

Passei pelo processo seletivo em oração com meu esposo, pedindo a Deus que abrisse essa porta, cientes que esse emprego iria exigir muito do meu tempo em viagens e dedicação aos estudos. Na última fase, fiz uma oração no meu secreto com Deus: "Senhor, se esse emprego for prejudicar a minha família de alguma forma, não abra essa porta, faça a Tua vontade e não a minha! Amém!" Poucos dias depois, recebemos um documento das mãos do gerente da empresa que dizia: "Seja bem-vinda à melhor empresa para se trabalhar no Brasil!", parecia um sonho se tornando realidade. Agora, nossa vida iria mudar, nossos problemas financeiros não iriam mais existir e o passado de escassez ficaria para trás.

Em 3 meses, saímos de uma casa pequena e compramos uma muito maior, em um dos melhores bairros da cidade, além do carro zero da empresa que recebi para trabalhar. E, em pouco tempo, também compramos nosso próprio automóvel.

O meu trabalho consumia boa parte do meu tempo, entre viagens e treinamentos. Quando a Stella, nossa caçula, nasceu, eu já estava há 5 anos na empresa e, aparentemente, tudo estava indo bem na nossa família. Os anos se passaram e eu construí uma carreira de sucesso na melhor empresa para se trabalhar no Brasil, com uma renda anual de seis dígitos. Mas Deus havia anotado a oração que fiz a anos atrás, até que comecei a perceber os sinais de que algo não estava bem.

A Stella adoecia com frequência e tomava antibióticos constantemente, pois tinha uma saúde muito frágil. Meu esposo sempre a encontrava chorando sozinha e ela dizia que era porque sentia falta da mamãe.

A minha filha mais velha completara 13 anos e não estava bem, vivendo muitos conflitos emocionais e baixa autoestima. Ela andava calada, reclusa, vagando em um mundo à parte, sem brilho nos olhos, parecia que tinha perdido a vontade de viver. O tempo tinha passado e eu não percebi. Todo o exterior da Alice refletia o seu interior. Ela estava emocionalmente perdida, não sabia quem era e tudo que havíamos ensinado sobre a Palavra de Deus, era distorcido por mentiras e sofismas na mente. A adolescência chegou com muitos conflitos e traumas gerados na infância. Suas atitudes, naquele momento, expressavam um pedido de socorro. Era como se gritasse do fundo do poço: "Me ajudem, por favor!" Levei-a ao psicólogo, só que dentro do meu peito ardia a voz do Espírito Santo, dizendo: "Você pode buscar a ajuda necessária, mas, o que mais elas precisam, é de você, da sua presença".

Meu esposo trabalhava em um horário mais flexível que o meu, então, eu tinha a sensação de que elas estavam bem cuidadas com o pai e as avós por perto. Eu não precisaria me preocupar, o que anestesiava a minha consciência. Porém, eu percebia que Alice estava a cada dia pior e a Stella já havia sido internada com pneumonia grave. Algo de errado estava acontecendo dentro da minha casa e o Espírito Santo estava me mostrando o sofrimento da minha família.

Nesse período, eu não conseguia mais conciliar a minha vida profissional e a maternidade. O meu tempo disponível era escasso, eu viajava e ficava fora de casa alguns dias. O Espírito Santo me revelava que eu estava falhando como mãe, pois vivia atenta e disponível para correr atrás dos meus sonhos profissionais, enquanto o meu lar permanecia sem vida. No livro de Ezequiel, no capítulo 37, a Bíblia fala sobre o vale de ossos secos, e era assim que via a minha filha mais velha.

Foi quando recebi um convite do Senhor, dizendo: "Renuncia! Nesse momento, você precisa ter mais tempo como mãe. Volte para o seu lar e discipule suas filhas". Então, diante daquela crise, precisei fazer uma escolha: permanecer onde estava ou renunciar e me dedicar às meninas. O convite era bem definido, renunciar a carreira de sucesso de uma década no emprego dos sonhos, voltar para dentro do lar e reconstruir o altar da maternidade, me deixando ser conduzida pelo Espírito Santo a um nível maior de fé e dependência a Deus que jamais iria experimentar caso falhasse na decisão de obedecer.

Durante meses, relutei em aceitar e obedecer, porém, era como se estivesse sendo espremida por uma prensa. Certo dia, eu disse para o meu esposo: "Vou pedir demissão do trabalho. Eu preciso obedecer a voz do Espírito Santo." Meu esposo respondeu: "Então, vamos obedecer!" Eu argumentei: "E se faltar alguma coisa?" – pois minha renda era a maior da casa é isso iria impactar muito nossa vida financeira. Ele respondeu: "Já está faltando! Está faltando você!" e completou: "Não vai faltar nada! Deus irá cuidar de nós!".

Meu esposo estava priorizando o bem-estar da nossa família, porque as piores crises que enfrentamos e que mais nos afetam são aquelas relacionadas à família. Após essa conversa, não havia outra escolha a não ser obedecer e renunciar. Então, pedi demissão do trabalho e logo Deus me revelou três chaves de acesso para obter a vitória e restauração no meu lar: tempo com Deus (Mateus 6:33), batalha espiritual (Lucas 10:19) e tempo de qualidade (1 Timóteo 5:8).

No tempo com Deus, elevei o meu nível de fé e dependência ao Senhor, na batalha espiritual, as cadeias foram quebradas, e no tempo de qualidade com minhas filhas, o vínculo emocional foi reestabelecido. A restauração no nosso lar veio pelo agir do Espírito Santo e pela disposição em obedecê-lO. Seguir a Jesus, implica benefícios e sacrifícios. Renunciar ao emprego ideal foi a decisão mais difícil, mas também a melhor que tomei na vida.

Nesse momento desafiador, nasceu o desejo de empreender e conciliar a maternidade com os sonhos profissionais. Por gostar de moda e ter as portas abertas pelo relacionamento conquistado de anos de trabalho de propaganda médica, comecei a vender vestidos. A mala de rodinhas que, carinhosamente chamo de catarina, e que antes, levava medicamentos aos médicos, tornou-se minha loja sobre rodas.

Os atendimentos com as médicas eram agendados no horário da escola das meninas, me permitindo conciliar a maternidade e o trabalho. A cada passo que eu dava, sentia a mão de Deus me conduzindo e mostrando que tinha feito a escolha certa. As meninas cresciam seguras do meu amor e da minha proteção, dentro de mim a certeza de estar vivendo por um propósito maior priorizando minha família e, pela graça de Deus, prosperando como empreendedora no ramo da moda.

A restauração foi tão grande, que Deus nos lançou ao pastoreio 4 anos depois. Fomos enviados para cumprir o nosso chamado, com amor, servindo a noiva de Cristo com toda a família. Alice, agora com 18 anos de idade, toca e canta no louvor, e Stella, de 11 anos, serve ao Senhor na dança e na comunicação da igreja.

A renúncia foi o ponto de partida de Deus para eu viver os Seus propósitos e cumprir meu chamado como mãe, esposa, pastora e empreendedora. Eu não imaginava que o futuro que Deus havia planejado para nós, dependia da minha decisão de obedecer a voz do Espírito Santo. A renúncia foi o convite disfarçado de Deus, para que vivêssemos todas as promessas dEle em nossas vidas.

Deus tem planos bons para nossa família (Jeremias 29:11), cabe a nós, como pais, esposas, maridos e filhos, estarmos alinhados ao propósito dEle. Dar passos de fé e renunciar nossa vontade pode ser o ponto de partida para vivermos a maior revolução da nossa história. E a maior revolução pode ser voltar para dentro do lar! Voltar seu olhar, sua atenção, suas orações, seu tempo, seu amor e sua dedicação. Não negocie sua família por nada!

Eu descobri, e não faz muito tempo, a grandeza da maior missão que Deus me confiou, a de ser mãe e esposa dedicada. Sei que depois do Senhor Jesus, o que tenho de mais precioso não está do lado de fora, mas está dentro; todo o meu ouro, como costumo dizer, é a minha família. A sua família também é sua maior riqueza nessa terra! E se precisar, faça o caminho de volta! Ainda dá tempo! Deus confia em você!

"Não poderia imaginar que a renúncia seria o ponto de partida de Deus para que eu começasse a viver Seus propósitos e cumprir o meu chamado."

Roberta Romão

Pra. Rosângela Gildo

Sou Rosângela Gildo, pastora e serva de Deus, tenho 49 anos de idade, sou mãe, filha, esposa e avó. Na área profissional sou professora, tecnóloga em RH, psicanalista, assistente social e coach. Todos esses "ofícios" têm contribuído para me tornar uma pessoa melhor, principalmente na presença de Deus.

Faço do meu dia a dia uma busca constante através da oração e leitura da Palavra, com o objetivo de me aperfeiçoar no real sentido do Reino de Deus! Realizei formações para o Ministério abordando temas como: intercessão, libertação, cura interior, atos proféticos, entre outros. Minha missão de vida é Impactar pessoas através do Reino, amando e cuidando delas como Jesus o fez.

"Tudo tem o seu tempo determinado, e há tempo para todo o propósito debaixo do Céu." – Eclesiastes 3:1

O Tempo chegou!

pastorarosangelagildo

rosangelagildocoach

+55 (21) 92002-4735

rosangelagildo

prarosangelagildo@gmail.com

25 GERANDO O MEU MILAGRE

Por Pra. Rosângela Gildo

Antes de eu nascer, minha mãe, dona Morena, ainda grávida, consagrou minha irmã à sua antiga religião (ela ainda não era a mulher de oração que é hoje). Infelizmente, a criança não sobreviveu. Após a perda, minha mãe determinada, decidiu consagrar seu próximo filho ao "Deus dos crentes". Quem era o próximo filho? Eu. Que coisa linda o agir de Deus. Onde havia morte, a vida entrou.

Na trajetória da vida, aprendemos que somos criados com um propósito divino cuidadosamente planejado pelo Pai dos Céus. Assim, ela foi visitar a igreja do meu tio Francisco e naquele memorável dia, um homem de Deus começou a profetizar para a minha mãe sobre a criança em seu ventre, eu: "Será minha filha, serva e minha boca para anunciar a Palavra de Deus". A Bíblia Sagrada, em Jeremias 1:5, nos lembra: *"Antes de formar você no ventre materno, eu o escolhi; antes que você nascesse, eu o separei para ser consagrado e designei você como profeta às nações"*.

Após o meu nascimento, minha mãe guardou a mensagem em seu coração e aceitou a Jesus verdadeiramente como Senhor e Salvador, sendo hoje uma bênção nas mãos de Deus como uma mulher de fé e oração. Um grande exemplo para mim e que me incentivou na minha caminhada em todas as áreas, iniciando uma transformação na minha vida por dentro e por fora.

O que quero expressar com esse testemunho é que os planos de Deus superam os nossos, e posso reafirmar: Ele escreve nossa história com propósito divino. Deus é fiel e tem um plano para cada um de nós. Na minha vida o propósito e o plano do coração de Deus realmente foram revelados no útero da minha mãe, ou seja, desde o ventre!

O nosso Deus sempre escreve novas histórias. Gestação significa gerar uma VIDA. A vida nos é concedida como dádiva (presente do próprio Deus), é como uma flor que nasce com as mais belas pétalas. A vida é o nascer do sol, é o pássaro que canta, é a estrela que brilha, é a lagarta que se transforma em borboleta com as asas desenhadas pelo Autor/Criador. A vida é todo ser que respira, é o mar, são as ondas, são os ventos, é a brisa, é o trovão, é o sistema solar, o ar, é o irmão, é o abraço, é o sorriso, e muito mais. A vida é Jesus, sou eu e você!

Que maravilha ser gerado e ter o cuidado do Senhor! Já antes da concepção, o Pai dos Céus idealiza o projeto de vida, que somos nós. Fomos gerados no coração de Deus e, com isso, nascemos também para gerar projetos e propósitos de vida. Quando Ele nos vê, Ele vê o nosso coração, o nosso potencial: projeto de sucesso, feito para conquistar, ser mais que vencedor. A vida é um presente precioso, projetado por uma força divina, ressaltando a importância de viver com plenitude e propósito, e destaca a ideia de que, assim como fomos gerados no coração de Deus, também somos capazes de gerar positividade e fé, a fim de influenciar o mundo ao nosso redor.

Podemos falar um pouco sobre o significado de gerar, sobre o que é gerar a vida (outra vida) dentro do nosso ser. Quando falamos das promessas, dos sonhos e dos projetos, gerar para mim é garantia, excelência, riqueza, amor, respeito, é VIDA. Por isso, tudo o que propomos a fazer fica em movimento em nós, vai crescendo em nós, como um embrião, feto e um recém-nascido. Há um propósito nesse crescimento, fomos gerados! Nossa gestação não foi interrompida, nossa gestação prevaleceu, VENCEMOS!

Antes de nascer, rompemos tantos obstáculos. Um deles é a corrida dos 15 milhões de espermatozoides; vence quem romper. Esse romper significa criar abertura ou passagem à força. Já tão pequenos, começamos desde a gestação até o dia esperado, com os processos, os passos para toda a trajetória de vida. Então, precisamos vencer a corrida para fecundar. Quando chega a hora de romper, vêm os desafios para crescer e desenvolver, para chegar ao propósito do Pai. No processo do crescimento, passamos pelo tempo e pelas estações, uns com mais intensidade, mais rápido, outros mais demorados. Mas não dá para pular etapas; processos e estações fazem parte da gestação.

Essa visão de que a vida é uma jornada com diferentes etapas e desafios é profundamente significativa. Cada fase e estação da vida traz consigo aprendizado e crescimento, e não é possível pular essas etapas.

Nossa história está sendo escrita por um Deus da vida, não da morte. A vida e o propósito são muito profundos, envolvendo experiências e desafios ao longo de nossas vidas. Apesar das adversidades, a vida é um processo guiado por um Deus Escritor, e cada história continua sendo escrita. Qual a sua história? Deixe Deus escrever; quero enfatizar a importância de perseverar, obedecer, crescer e alcançar o propósito final, mesmo diante das dificuldades.

Assim eu cresci, aprendendo os ensinamentos de Jesus. No meu lar, meu pai, José, não havia aceitado a Jesus, mas éramos uma família unida. Enfrentamos muitas dificuldades financeiras, meu pai trabalhava em um estaleiro; por um tempo, ficou desempregado, e minha mãe, como passadeira, trabalhava fora em casas de família.

Vivemos na escassez por um tempo, mas nada faltou. Em meio às dificuldades, minha mãe, eu e minha irmã Rosana, confiávamos no Senhor e sempre veio a provisão, e a fidelidade do Senhor foi notória em nossas vidas.

Me casei aos 21 anos de idade com o Jorge (foi lindo o casamento), mas era um jugo desigual, pois achava que ele se converteria facilmente. No entanto, enfrentei desafios e lutas desde o início do casamento. Ele me proibia de ir para a igreja e assumiu outra identidade, tornando-se inimigo da igreja.

Quantas vezes ele ficou na porta da igreja quando eu saía, gritando, me humilhando e falando contra a igreja e os pastores. Quantas vezes debochou de mim, do meu Deus, do meu Senhor e Salvador.

Deus trabalhou de forma poderosa na vida do meu esposo, começando com seu emprego em uma multinacional quando, após alguns meses de casado, ficou desempregado. Foi um tempo de muita escassez, mas vivemos muitos milagres, testemunhando o maná descendo e pães e peixes se multiplicando diariamente.

Em um desses dias, não tinha carne para o almoço e o Jorge questionou: "Onde está o Teu Deus?" Na mesma hora clamei e cantei em lágrimas: *"Tu és fiel, Senhor! Tu és fiel, Senhor! Dia após dia com bênçãos sem fim! Tua mercê me sustenta e me guarda! Tu és fiel Senhor, fiel a mim"*.

Deus respondeu: a campainha tocou e era uma entrega inesperada: peixe limpo e temperado, uma resposta à oração. Naquele dia e todos os outros dias meu esposo viu e presenciou o Deus da Provisão, Deus fiel, o Deus que cuida de tudo.

No entanto, meu esposo ainda duro de coração (não era ele, mas o que atuava nele), não via com bons olhos os pastores e a igreja, e com isso reduzia minha comunhão com o corpo de Cristo, mas orei ao Senhor pedindo que transformasse meu esposo em um pastor dedicado e fiel.

Abençoados, nesse dia comecei a GERAR a conversão do Jorge, meu amado esposo. Comecei a profetizar a conversão dele, com muitas lágrimas, madrugadas, vigílias, jejuns, clamores, gemidos, louvores e adoração. Foram dores de parto pela transformação,

Depois de algum tempo, o Jorge me perguntou o que estava acontecendo, porque não estava conseguindo emprego há quase dois anos e eu lhe disse: Você está na olaria de Deus. E saiba, é melhor estar sendo amassado na olaria de Deus do que estar nas mãos do diabo. Contarei a minha história com os detalhes no meu próximo livro com o mesmo título deste capítulo: "Gerando o meu milagre".

Orei ao Senhor, clamei ao Senhor, e Ele ouviu o meu clamor, pois é Deus que escreve e muda histórias. Nossa história é um propósito de Deus. Um dia, fomos a um encontro de casais, e ele deu seu testemunho. Carnaval para ele, era como pular três dias de folia, alegria e depois enfrentar a ressaca. Mas, nos dias do encontro de casais, a alegria não saiu. Foi feito o apelo, e logo depois ele aceitou a Jesus, sendo motivo de festa. Oh Glórias! Nasceu o meu Milagre! Você tem noção do que foi ver o meu esposo se dobrando ao Senhor e se rendendo aos pés do nosso Pai? Foi um dos maiores presentes de Deus para a minha vida. A oração tem poder, então, não pare, não desista, continue em oração, continue gerando.

A vida passa pelos processos. Somos gerados e também geramos. Mas o importante é que todos têm um escritor Criador que escreve uma nova história, faz novos projetos e sonhos. Então, entregue toda a sua história ao Deus Escritor, Salvador e Senhor.

Certo dia, o Senhor Jesus disse para mim: "Minha serva, sente-se no banco e espere o meu servo para caminhar junto contigo". Assim, caminhamos juntos, crescendo e servindo. No seminário, éramos conhecidos como "corda" e "caçamba". Jorge foi diácono, presbítero e evangelista. A oração foi respondida, e ele foi consagrado a pastor. Com muita oração, testemunhei o poder de Deus na vida do meu esposo pastor Jorge Oliveira.

Crescemos juntos em graça e conhecimento, participando de seminários e servindo em diversos departamentos da igreja: casais, evangelismo, secretaria e escola dominical. Hoje, pastoreamos juntos em uma Igreja, glorificando o nome do Senhor Jesus. Uma vida de oração, entrega, santidade e renúncia geram resposta nas orações. Teve transformação de vida e salvação na minha casa. E hoje posso dizer que eu e a minha casa (meus filhos lindos, Rafael e Rodrigo) servimos ao Senhor.

Quando geramos, rompemos as barreiras e o extraordinário que Deus tem reservado para cada um de nós, vem, nasce.

Filipenses 4:13 diz: *"Tudo posso naquele que me fortalece"*.

Para alcançar essa vitória, uma rede de apoio de intercessão e amor foi gerada: Meu Jesus, minha família, meus amigos intercessores e minha igreja. Faça essa oração e desfrute do seu Milagre:

"Senhor meu Deus, entrego a minha vida a Ti. Contempla, Senhor, o meu ser. Guia com a Tua luz o meu caminho. Que eu possa gerar Teus sonhos, Teus projetos, Tua vida e o Teu reino, dentro do meu ser. Que eu posso gerar milagres, gerar Jesus, ancorada na esperança como em Jeremias 29:11: 'Porque eu sei os planos que tenho para mim, diz o Senhor, planos de paz e não de mal, para me dar um futuro e uma esperança.' Em nome de Jesus, Amém".

"Quando geramos com fé, rompemos as barreiras e o extraordinário que Deus tem reservado para cada um de nós, vem e nasce!"

Pra. Rosângela Gildo

Pra. Rosilene Gomes

Eu sou a Rosilene, tenho 42 anos de idade, casada há 24 anos com Márcio Guerra e mãe de 4 filhos: Geovanny, Elias (in memoriam), Marcio Júnior e Daniel Gomes; somos da cidade de Goiânia, no Estado de Goiás.

Sou esposa, mãe, pastora auxiliar e itinerante, líder do ministério da intercessão, sirvo à Igreja Impactados, sob a liderança do Bispo Rinaldo Silva e da Bispa Cecilia Lima. Meu maior propósito é cumprir o IDE, pois creio na restauração espiritual e ministerial, e na restauração familiar, e umas das coisas que mais gosto de fazer, é passar o tempo com o meu maior ministério: minha FAMÍLIA. Desde a infância, participava de todas as programações da Igreja.

Eu e meu esposo temos 9 anos de ministério, mas aqui nesse capítulo, quero revelar que, mesmo nascendo em um berço cristão, eu não estava livre de passar por momentos de adversidades.

preciosa.pastorarosi41

+55 (62) 98327-8089

26 POR TRÁS DAS MALHADAS

Por Pra. Rosilene Gomes

Venho aqui, contar um pouco da minha história, e de como eu tive a certeza e a convicção, que Deus é o Autor da minha vida, assim como o de vários homens e mulheres improváveis. Jeremias 1:5, diz: "*Antes de formá-lo no ventre eu o escolhi; antes de você nascer, eu o separei e o designei profeta às nações*". Eu tenho esse versículo como uma referência, pois me ajudou a entender que minha existência não era um mero acaso, e me trouxe uma convicção de que minha vida é um milagre e que Deus tem a caneta com a qual está escrevendo cada página dela. Eu cresci em um ambiente totalmente ignorante e doente, cheio de feridas e traumas, onde o inimigo da minha alma usou as feridas da minha avó e da minha mãe para me aprisionar em várias áreas da minha vida. Mas o Eterno, o Todo-Poderoso, o EU SOU, sempre esteve presente na minha vida.

No dia 20 de novembro de 1981, nasceu uma menina fruto de um casamento lindo, um relacionamento de 7 anos de namoro gerado em oração, mas, por ironia do destino, minha avó fez minha mãe prometer me entregar a ela, e minha mãe, como filha obediente, me entregou para a minha avó, e isso gerou grande transtornos tanto no casamento da minha mãe como na minha alma. Com isso, eu comecei a ter crise existencial, pois mesmo meus pais morando no mesmo quintal, minha avó não aceitava que eu chamasse a minha mãe de mãe. E tudo isso foi gerando feridas nas nossas almas. As pessoas achavam que éramos uma família exemplar, mas o inimigo conseguiu gerar feridas nas nossas almas. Meu pai se sentiu impotente diante das situações, não teve reação a nada, pois minha avó tinha um comportamento narcisista, mas toda vez que ele chegava de viagem, ele lia para mim a bíblia no novo testamento, onde relata o nascimento de Jesus e me contava os relatos dos profetas do velho testamento. Deus Pai sempre trazia evidências de que tinha uma particularidade comigo; eu orava pelas pessoas que chegavam enfermas lá em casa e Deus as curava. Me lembro que quando eu tinha 5 anos de idade, orei pedindo um irmão, pois havia sido constatado que minha mãe não poderia gerar mais, então orei, e minha mãe engravidou do meu irmão. Eu não era tão consciente dos fatos, meu pai estava se afastando dos caminhos de Deus, e com isso, o meu mundo desabou. Eu sentia um grande amor cada vez que íamos à igreja. Éramos frequentes e envolvidos com toda a programação da igreja, pois éramos da família eclesiástica, então mantínhamos uma aparência de que estava indo tudo bem. Como eu amava ir para a casa da minha prima! A família dela serviu como referência para eu poder constituir uma família e desejar um ministério.

Com o casamento da minha mãe em crise e eu sendo atacada por todos os lados, aos 7 anos de idade eu tentei suicídio, pois não me sentia amada no meio da minha família. Eu me sentia a menina mais feia dessa terra. Essa era a mentira que o inimigo me falava usando a boca da minha mãe, da mulher que me gerou. Sofria traumas psicológicos e emocionais, minha alma estava ficando aprisionada. Em João 10:10, a Bíblia diz: *"O ladrão vem apenas para furtar, matar e destruir."* Sim, ele roubou a convivência com a minha mãe, roubou minha infância e estava tentando me matar, gerando grandes prejuízos e, não satisfeito, usou uma enfermidade para me destruir. Os médicos me tocavam dizendo que era para entenderem o que estava acontecendo - a medicina não era tão avançada como hoje. Isso tudo aconteceu entre o ano de 1988 e 1989. Minha idade fisiológica era de 7 anos e a biológica de 12, e o exame mais invasivo foi o toque anal para poder saber o tamanho do tumor: ali, meu mundo desabou. Eu queria morrer e minha mãe não podia fazer nada, foi horrível! Um "mix" de sentimentos... eu perguntava para Deus, por que Ele não me fez homem. Naquele exato momento, minha inocência havia sido levada embora.

Os médicos alegavam que faziam isso para poder me operar, pois fui diagnosticada com tumor no ovário esquerdo e, não satisfeitos, iam retirar meu útero, pois tudo indicava que era maligno. Tudo aconteceu muito rápido; fiz os exames para poder realizar o procedimento cirúrgico e, mesmo com todas as crises e não entendendo muito bem as coisas, eu conversava com Jesus. Meu relacionamento com Ele era contínuo e eu nunca negava meus medos, minhas inseguranças e minhas feridas na alma, pois mesmo com toda a revolta com a minha mãe e com a minha avó, eu sempre perguntava, por que o Senhor me permitiu nascer, pois eu era a mais rejeitada e me sentia culpada de tudo que estava acontecendo.

Nessa fase a escola dominical me ensinou muito. Eu aprendia muito com as histórias da Bíblia, e em meios às crises, minha fé era fortalecida, e Deus mais uma vez me mostrava que ali, cuidando de tudo e principalmente de mim. Eu tinha que pensar e agir como uma adolescente de 12 anos. Fui forçada a amadurecer muito rápido.

Eu me lembro, que um dia estava brincando com minhas primas de "mamãe": pegamos toalhas de rosto, enrolamos, e fizemos um bebê de pano. Simulamos uma barriga, o parto e a amamentação e, neste momento, quando minha tia me viu amamentando o bebê de pano, virou para mim e disse: "Você não vai poder ter filhos", e eu respondi: "Por que não?" e ela disse: "Você vai ter que adotar." Eu disse que não, e que teria meus próprios filhos e, quando ela insistiu dizendo que se eu quisesse ter filhos não seria da minha barriga, peguei o álbum da gestação que minha mãe fez quando estava perto de eu nascer e disse: "Tia, eu vou me casar e ter meus filhos da minha barriga." Minha tia disse que não, nem amamentar eu iria poder! Ela me explicou que a cirurgia era para tirar o que me faria gerar.

Minha ficha caiu e eu comecei a chorar, pois mesmo não tendo uma família bem estruturada, eu queria ter a minha. O Espírito Santo me impulsionou a ir para o meu quarto, então fechei a porta, ajoelhei e comecei a orar com a boca no pó, como meu pai havia me ensinado. E fiz a seguinte oração: "Jesus, me cura assim como o Senhor curou a mulher do fluxo de sangue. Eu consagro o meu ventre para o Senhor, não me deixa passar pela mão do homem para cortada. Me cura Jesus! Que meus filhos venham a ser todos varões".

Mas eles não sabiam que o meu médico é Jesus. Depois daquela oração, no dia seguinte o telefone toca: era a secretária do médico falando que tinha um pedido de ultrassom para fazer naquele mesmo dia. Minha mãe indagou dizendo que eu já havia feito as três ultrassonografias, por que eles queriam outra? A secretária disse que o pedido do exame estava lá com ela e, sem ele, eu não poderia fazer a cirurgia. Após realizar o exame, não deu mais nada! Minha mãe e os médicos ficaram maravilhados, sem entender! Mesmo assim, eles queriam me fazer passar pelo processo cirúrgico para ter certeza de que não tinha nada, mas minha mãe disse que o Médico dos médicos havia me curado. Fiz um ano de terapia onde aprendi a lidar com os meus traumas e aprendi a lidar com as opiniões contrárias. E sim, eu estava convicta de que iria constituir uma família, ser a mãe que eu queria ser, ser a esposa que minha avó não foi, e que minha mãe tentou ser. Convicta de quem eu sou em Deus, e que não sabia como, mas Deus cumpriria o proposito dEle na minha vida, pois Deus é especialista em usar os improváveis. Sim, eu, a menor da casa, a feia de aparência, a tímida, a medrosa.

Minha oração é para que você venha a ser uma mulher segundo o coração de Deus. Quando pegamos a Bíblia como referencial para as nossas vidas, vemos exemplos de homens e mulheres improváveis, como Ester, que era órfã e tinha seus traumas, José, que foi jogado na cisterna e vendido pelo seus irmãos, Abraão, que teve que viver fora da sua terra natal, Rute, que era estrangeira e viúva, Abigail, que era maltratada pelo seu esposo Nabal, o Profeta Daniel, que foi levado ao exílio babilônico ainda adolescente, e tantos outros improváveis... Jabez, seu nome significava dor e, em uma única oração, Deus mudou a história desse homem; Jó que perdeu tudo, só não perdeu a sua fé. Eu citei alguns homens e mulheres que tiveram seus traumas, seus bloqueios, seus momentos de dor, suas feridas, mas se permitiram ser curados e deixaram Deus ser o Autor da história deles.

E sim, eu me casei com 18 anos de idade, tive todos os meus 4 filhos homens, em 4 cesárias. Uau! Como Deus é lindo! Do mesmo jeito que pedi na minha oração, aos 7 anos de idade, eu amamentei meus filhos, eu vivi, e vivo, o maior milagre de todos: poder gerar e viver o maior ministério dessa terra. Eu escolhi ser mãe e esposa, e depois, Deus foi acrescentando mais com as experiências que fui ganhando. Criar 4 filhos homens, não é para qualquer um não, mas Deus me deu a graça e a sabedoria para educar meus filhos, no Senhor.

O primeiro ministério da Bíblia é constituir família, e eu escolhi viver esse ministério. Eu comecei errado e mais uma vez Deus veio e me constrangeu me perguntando como eu gostaria de terminar, e eu devolvo a Ele a caneta para Ele dar continuidade à minha história de vida, em uma geração onde muitos estão invertendo os princípios e valores morais e cristãos. Eu acredito no propósito chamado FAMÍLIA. Por anos, me escondi não querendo exercer aquilo que Deus me chamou para fazer, de testemunhar o que Ele fez e continua fazendo na minha vida e na minha família, me escondendo atrás das malhadas. Até que entendi que Ele queria levantar meu esposo eu, no mistério, ou melhor, a minha casa, minha família ser referencial de criação de filhos. É só pela graça de Deus! É vivenciar o amor, o respeito, o perdão, a cumplicidade, a lealdade e a fidelidade todos os dias; e pedindo sempre sabedoria para poder lidar com cada estação.

Todo dia, Deus me surpreende com Seu zelo e amor, e é assim que Ele quer fazer na sua vida. Sabe, durante toda a minha caminhada e entrega, aprendi que, milagre não se explica, se vive. Quando escrevia e relembrava tudo o que passei, eu chorei muito. Como sou grata a Deus por Ele nunca ter desistido de mim! Me orgulho de mim mesma, pois superei cada desafio; fui na contramão da lógica humana; e Deus me fez enxergar a fé que havia dentro de mim. Eu te convido a olhar para dentro de você, pois aí dentro tem uma fé gigante!

"Quer viver o extraordinário? Permita que Deus seja o Autor da sua história. Entregue a caneta da sua vida, para Deus."

Pra. Rosilene Gomes

Sara Augusta Monteiro

Sou Sara Augusta Monteiro. Nasci em Mariluz, no interior do Paraná, em 1998. Aos 8 anos de idade, mudei para Rondônia com minha família.

Sou escritora, formada em Letras Português e Inglês, atuo como professora e trabalho desenvolvimento pessoal com meus alunos. Cristã desde os 3 anos de idade e idealizadora de dois projetos com adolescentes. Sou palestrante e ministra do evangelho. Recentemente me matriculei no curso de Bacharel em Teologia.

Canto em eventos, e na adolescência aprendi a tocar teclado, assim, contribuo com minha igreja local. Faço alguns trabalhos como digital influencer, onde descobri um apreço pela área da comunicação. Sou apegada à minha família, gosto de estar próxima às pessoas, amo ensinar, e até aqui o Senhor tem me sustentado. Mesmo em meio as diversas batalhas, Deus sempre se mostra presente ao meu lado.

saraaamonteiro

Sara Monteiro

sarahbm_@hotmail.com

27 SER PARA ESTAR

Por Sara Augusta Monteiro

Quem não gostaria de estar em algum lugar de destaque sendo reconhecido(a) por seus feitos, recebendo prêmios, muitas homenagens em forma de gratidão?! Sendo ovacionado(a)? Creio que muitos gostariam de sentir essa emoção, estando em um lugar de perfeita satisfação e sucesso. O mundo hoje, tem pregado muito isso: lugares de grande destaque, riquezas, status, ostentações, cadeiras em posições altas, é o que mais se escuta e alguns até chegam a declarar que Deus com certeza irá te colocar nesses lugares e que você precisa estar preparado para chegar lá, como se a verdadeira felicidade só fosse encontrada quando alcançássemos essas posições; essas são as pregações da atualidade. Eu até concordo com a fala: "Você deve estar preparado", mas o problema é na forma como eles ensinam a estarmos preparados, e para o quê de fato?

O evangelho de Cristo diz que precisamos renunciar a nós mesmos e seguir por completo a Cristo (Mateus 16:24).Em outro texto, o apóstolo Paulo diz que devemos ser imitadores de Cristo como Ele mesmo o era (Efésios 5:1-2), e Cristo não possuía ambições mundanas, desejando sucesso, muita fama ou dinheiro. Cristo negou a Si, não tomando por usurpação ser igual a Deus. No Jardim do Getsêmani, Ele faz Sua última oração e disse ao Pai: "Que seja feita a TUA vontade". Cristo nos mostrou como era estar disponível para fazer a vontade do Pai, e não a SUA própria vontade. João Batista, em certa ocasião, disse: "É necessário que Cristo cresça e eu diminua cada vez mais" (João 3:30). E onde quero chegar com isso? Que estamos presos em um mundo absorto de pregações fantasiosas, te fazendo acreditar que Deus fará tudo o que VOCÊ deseja, e realizará os SEUS sonhos! E não é assim! Eu aprendi, na prática, o que é deixar de lado o meu querer, para cumprir o querer de Deus!

Ao ouvir um NÃO da parte de Deus, você começa a compreender muito melhor o evangelho e a imensa soberania dEle. Como é necessário que nós sejamos humilhados para sermos quebrantados e moldados por Deus! Deus não vai realizar os SEUS sonhos! Ele realizará os sonhos dEle em você! Outra coisa importantíssima é que você precisa conhecer a Cristo, pois nossa identidade está nEle! Lembra? Somos seus imitadores! O que Ele é, nós somos! O que a Palavra dEle diz que eu sou, isso sim, de fato, é o que sou.

Em Atos dos Apóstolos 6: 3-5, a Bíblia vai contar sobre um episódio em que a igreja primitiva estava crescendo muito, e os apóstolos estavam sobrecarregados; por isso, decidem escolher sete homens de confiança, cheios do Espírito Santo e de sabedoria, para estarem auxiliando na organização da igreja e não permitindo que nenhum irmão fosse prejudicado pela falta de assistência. Quando li esse texto novamente, com a devida atenção, considerei que, nós cristãos, precisamos entender de uma vez por todas, que andamos na contramão do mundo! Pois o mundo prega, justamente, que você precisa ESTAR em algum lugar, para SER alguém de respeito e destaque. Enfatizam que devemos estar no meio dos que possuem riquezas para adquirir contatos, criar relacionamentos que nos elevarão de nível, visando sempre o bem pessoal. "Estar é bem mais relevante do que ser", eles afirmam, e eu mesma pensava assim. As aparências podem enganar os outros e até a você mesmo.

Entretanto, o evangelho de Cristo diz ao contrário, que você precisa primeiro SER para depois ESTAR em lugar de honra. Note que esses homens só foram escolhidos, porque já eram cheios do Espírito de Deus. Eram honestos e íntegros, em quem se podia depositar confiança, e por esses atributos, por SEREM assim, é que foram escolhidos para ESTAREM no lugar de liderança auxiliando a igreja! Eles estavam no centro da vontade de Deus, pois já entendiam o que precisavam ser, justamente, homens de valores cristãos. Isso que me fez refletir por muito tempo: "se você, Sara, deseja estar em um lugar de destaque onde Deus te levará, seja hoje uma mulher segundo o coração de Deus, fazendo a vontade dEle e não a sua! Sendo alguém que produz os frutos do Espírito: amor, alegria, paz, paciência, delicadeza, bondade, fidelidade, humildade e domínio próprio" (Gálatas 5:22-23). Dessa forma, com certeza, estaremos em um lugar de destaque no futuro, herdando a salvação. Esse é o caminho, não existe fórmula mágica, atalhos ou truques comportamentais.

A Palavra de Deus é muito clara. Preciso ser essa pessoa, para depois estar. E estar exatamente onde? Tem maior lugar de destaque, do que estar com Cristo na eternidade, herdando a salvação? Pois digo a você que não. Se você praticar ser hoje alguém que possui os valores cristãos crendo em Cristo, e andando segundo a sua Palavra, você herdará a salvação e a eternidade com Cristo, e isso é o que realmente importa. Sucesso e lugares de destaque nessa terra poderão vir até nós, como também podem não vir. Mas, se vier ou não, ficaremos bem do mesmo modo, porque dentro de nós, só existe uma preferência: cumprir o querer de Deus.

Deus quer nos fazer compreender esse princípio de estarmos completamente desprendidos das coisas desse mundo, e com o nosso corpo, alma e espírito completamente entregues a Ele. Sofri muito quando ouvi um NÃO da parte de Deus, pois achava que para ser uma mulher de destaque, bem sucedida na vida, era de suma importância ter uma profissão que me permitisse estar entre as pessoas mais influentes, e eu estava submersa no meu querer, esquecendo-me, apesar de ser evangélica a maior parte da minha vida, que o querer de Deus é muito melhor, e que pelo fato de SER filha dEle, isso já me conferia um lugar de grande honra, pois tenho o Criador do mundo como meu Pai e as armas certas através da sua Palavra para SER a mulher que Ele quer que eu seja. Chorei como se não houvesse amanhã, até admitir que a profissão que eu queria seguir, não era a que Deus tinha sonhado para mim.

Quando abri a Bíblia novamente e cheguei ao texto de Jeremias, no capítulo 20, do versículo 7 ao 9, em que Jeremias faz uma oração sincera e expõe seu incômodo ao ser zombado e criticado pelos israelitas, pois ele só profetizava destruição e morte, isso o fazia sofrer muito, e em algumas traduções bíblicas usa-se a palavra "persuadir" no versículo 7. Jeremias diz se sentir persuadido por Deus, e ele não estava mais aguentando essa situação. Porém, ele mesmo refuta sua própria fala dizendo que mesmo quando ele estava extremamente chateado e descontente com tudo, tendo vontade de desistir e de nunca mais falar no nome do Senhor, ele não consegue, pois o sentimento que queimava dentro dEle, em fazer a vontade de Deus, e não a sua, é muito maior do que seu desgaste. E isso me abriu os olhos mais uma vez, pois me sentia exatamente como Jeremias, não querendo mais falar sobre o Senhor, ou viver para Ele, pois tinha escutado o NÃO de Deus, e nada na minha vida estava acontecendo como eu desejava, mas praticamente no mesmo instante reconheci que, por mais que nada seja como eu queira, é impossível viver longe do querer de Deus, pois isso é o mesmo que estar morto! Que loucura! Esse é o evangelho verdadeiro! Ser esmagado pela Presença poderosa de Deus, recebendo forças para prosseguir, aceitando e cumprindo o querer do Pai, sendo uma pessoa hoje de princípios, para amanhã estar na eternidade com Ele. Isso que precisamos ensinar. Estar preparado para receber as bênçãos de Deus, é entender esse princípio de ser primeiro, para depois estar!

A caminhada será dura e difícil em certos momentos, e eu preciso te alertar sobre isso, pois precisamos desenvolver as habilidades para sermos homens e mulheres que possuem valores cristãos, que possuem os frutos do Espírito, e ser moldado nos aperta, mas aperta para extrair o melhor em nós!

Não podemos gastar todas as nossas energias, preocupados com os lugares que ocuparemos aqui nessa terra, até porque tudo isso passará. Charles C.T. Studd disse uma frase que, quando li, nunca mais a esqueci: "A vida logo passará, apenas o que é realizado para Cristo permanecerá". A prioridade é efetuar o querer de Deus, as demais coisas serão acrescentadas (Mateus 6:33)! Quando compreendi esse princípio, diminui meus questionamentos a Deus, pois sou como grão de areia diante da majestade do meu Pai, e não quero ser uma filha mimada que deseja que as coisas aconteçam exatamente do meu "jeitinho", pois só assim ficarei feliz. Sou comprometida com Deus, com Seu Reino e Justiça, e esse comprometimento verdadeiro não me permite cobiçar minha própria vontade, pelo contrário, me faz estar disposta a aceitar vontade dEle em minha vida.

Em Mateus 11:30, Jesus disse que seu jugo é suave e o seu fardo é leve, e é exatamente assim que me sinto hoje. Muitos olham para mim e me perguntam: "Sua vida é tão perfeita a ponto de você nunca ficar desanimada? Está sempre alegre... você não tem problemas?" E sempre respondo da mesma forma: "Eu estava cansada desse mundo e de mim mesma, fui até Jesus, entreguei a Ele tudo o que me aprisionava, e Ele me deu alívio mesmo em meio ao sofrimento, mesmo em meio as minhas batalhas internas. O jugo continua sendo suave e o fardo leve, por esse motivo você me enxerga assim, alegre e feliz".

Para se ter a vida escrita pelo dedo de Deus, você precisa, primeiramente, entregar-se a Ele, permitindo-O te libertar de todo apego mundano e carnal, para que Ele possa te levar ao nível de relacionamento mais profundo, onde você compreenderá que tomou a melhor decisão da sua vida: cumprir o querer de Deus. Só então contemplarás a plenitude de viver inteiramente para Cristo, experimentando verdadeiramente a paz em meio a guerra. Sendo necessário ser primeiro, para depois estar.

“Enquanto o mundo diz: 'Você precisa ESTAR para SER', o Evangelho diz: 'Você precisa SER para Estar'.”

Sara Augusta Monteiro

Sirlei Silva

Sou Sirlei Silva, tenho 42 anos de idade, natural de Ipatinga, Minas Gerais, e atualmente moro em Setúbal, Portugal. Casada com o pastor Valter Silva há 18 anos, somos membros da Igreja Batista Renascer, Setúbal, e temos três filhos: Vinicius Duarte, Mateus Silva e Ester Silva.

Pastora, palestrante, certificada em Teologia, conselheira espiritual e empreendedora.

A Palavra de Deus nos diz: *"No mundo tereis aflições, mas tende bom ânimo; eu venci o mundo."* - João 16.33

Mesmo passando por tantas aflições, não me deixei abalar por nenhuma delas. Sempre confiei em Deus, pois sabia que somente Ele poderia mudar a minha história. Hoje, sou uma mulher transformada e restaurada por Deus, mas o ponto principal da minha vida foi descobrir que tenho um Pai e que sou simplesmente filha.

prasirleisilva

+351 934 549 980

ssirlei395@gmail.com

28 ATITUDES QUE GERAM MILAGRES

Por Sirlei Silva

Neste capítulo, você irá conhecer a minha história, uma mulher que era desacreditada pela sociedade e principalmente por si mesma. Apesar de já conhecer a Deus, ainda estava com as águas pelos pés, enquanto Ele queria que eu mergulhasse em águas mais profundas. Mas para que isso acontecesse, era necessário passar pelo processo de cura e restauração da minha identidade em Deus. Foi um momento de dor e solidão, só eu e Ele, para que hoje eu pudesse dizer como Jó: *"Eu te conhecia de ouvir falar, mas agora os meus olhos te veem"*.

Venho de um lar não cristão e sou a mais velha de dois irmãos. Na minha adolescência, minha mãe teve depressão pós-parto em sua última gestação e, por diversas vezes, atentou contra nossa vida e a do meu pai. Tínhamos que dormir trancados no quarto para que nada nos acontecesse. Diante desse cenário, foram desencadeados mim, vários traumas e sentimentos, como: rejeição, medo, angústia e principalmente o sentimento de abandono, por achar que minha mãe não me amava.

Foi uma fase muito conturbada, momentos de muita agressividade, em que tivemos de interná-la em um hospital psiquiátrico. Nessa fase, mesmo sem conhecer o Evangelho e o amor de Deus, já havia sobre mim uma promessa e um propósito. Em meio a tantas dores, sei que a mão de Deus me guardava em todo o tempo.

Quando minha mãe saiu do hospital, minha expectativa era que tudo ficaria bem, mas minha mente já estava dominada por pensamentos negativos e o sentimento de que minha mãe me rejeitava era enorme. Com a intenção de dar um ponto final em todo esse sofrimento, tentei suicídio pela primeira vez, tomando vários remédios que eram dela, mas fui socorrida a tempo.

Eu não sabia do projeto de Deus para mim, procurava encontrar algo que preenchesse o vazio que sentia, mas não encontrava.

Fui a um culto de mulheres, senti uma paz, algo sobrenatural. Naquele dia, aceitei Jesus Cristo como meu Salvador e, ali, começou a minha caminhada cristã. Depois de um tempo, tive a oportunidade de vir morar em Portugal. Quando cheguei aqui, esfriei na fé e todos os sentimentos de rejeição e abandono foram aflorados em minha mente pelo inimigo. Quando tentei tirar minha vida novamente, quis me jogar do terceiro andar, mas ouvi uma voz dizendo: "Não faça isso! Eu te escolhi. Tenho um propósito para a sua vida." E outra voz dizia: "Ninguém te ama, nem se importa contigo." Era uma guerra em minha mente, mas tive forças para sair de lá, ajoelhei, orei a Deus e pedi duas coisas: que Ele transformasse a minha vida e me desse uma família.

Em 2005, saí da cidade de Lisboa para Setúbal, onde me reconciliei com o Senhor. No culto de final de ano, vi um homem no altar que me encantou, mas fiquei em silêncio. Naquele momento, lembrei da oração que fiz a Deus. A Palavra diz em Salmos 37:5: *"Entrega o teu caminho ao Senhor; confia nEle, e Ele tudo fará"*. Após 6 meses, aquele homem do altar se tornou o meu marido. Na época, ele já era um obreiro na igreja, então, ouvíamos de muitas pessoas que ele não deveria se casar comigo, pois eu era nova convertida, mas ninguém pode frustrar os planos de Deus, e nos casamos.

A jornada estava apenas começando, Deus queria agir em minha vida e curar todos os sentimentos ocultos. Os anos se passaram, fomos consagrados a pastores e enviados para o campo. Mas em todos os momentos, me sentia incapaz e inferior ao meu marido. Aquelas palavras lançadas, trabalhavam no meu inconsciente e refletiam no meu comportamento como mulher, esposa, mãe e na minha intimidade com o Senhor, pois eu não tinha forças, nem entendia que precisava resgatar minha identidade em Deus. As feridas que guardamos nos impedem de sermos curadas.

Quem olha para nós, acha que está tudo bem, quando na verdade, escondemos o que está em nosso íntimo. Só que chega o dia em que Deus começa a tratar as feridas. Dói, traz desconforto, mas quando Deus nos cura é libertador. Hoje, não me sinto mais assim, porque sei que sou filha de um Pai que cuida de mim. Ele não me livrará das aflições, mas estará sempre comigo e isso basta.

Descobri o meu lugar em Deus, como mãe, esposa e pastora, desde então, ajudo mulheres a se encontrarem no Senhor para não serem paralisadas pelo inimigo, como eu fui. Não podemos deixá-lo lançar setas em nossa mente dizendo que não somos capazes, porque quem peleja por nós, não perde batalhas.

Aqui, meu caro leitor, gostaria de contar uma parte crucial da minha história, que é o início da minha cura, quando me aprofundo na intimidade com Deus. Não entendemos o trabalhar do Pai, mas Ele usa as situações para nos moldar, pois mesmo em meio ao caos, Ele não desiste de nós. Ao longo da nossa caminhada como pastores em Portugal, vivemos momentos de alegria e aprendizado, mas também de frustrações.

Algumas situações nos levaram a tomar decisões precipitadas e retornamos ao Brasil. Com o passar do tempo, meu esposo foi esfriando na fé. Pela minha imaturidade, não soube me posicionar como a mulher sábia que edifica a sua casa e, quando me dei conta, meu esposo já estava fora dos caminhos do Senhor. Aquele que era um referencial espiritual para mim, o homem em quem me apoiava espiritualmente, estava longe dos caminhos do Pai. Nesse momento, olhei para Deus e comecei a buscá-lO intensamente. Jamais imaginei viver tal situação, mas não desistiria da minha família e só havia um caminho: buscar a Deus de todo o coração.

Deus usou toda essa circunstância para me amadurecer e curar os traumas que ainda estavam vivos dentro de mim. Passei a buscar ao Senhor como nunca, em oração, jejum e pela Palavra, pois até então, eu terceirizava a minha vida com Deus para o meu marido, por me sentir pequena e incapaz.

Busque a Deus, tenha um relacionamento íntimo e verdadeiro com Ele. O véu se rasgou para que tivéssemos livre acesso ao Pai, e esse lugar é para mim e para você. O Senhor deseja nos encontrar no secreto. Talvez você tenha sido ferido profundamente por aqueles que deveriam te amar. Deus me disse: "Deixa eu te usar. Enquanto eu te usar para o meu propósito, curarei suas feridas." A partir do momento em que permiti o toque de Deus em meu coração, passei a viver minha identidade nEle e recebi a cura que apagou todos os sinais de destruição do meu passado, me dando uma nova vida. Foi um processo de perdão, cura e restauração, que era necessário para eu conhecer verdadeiramente o Deus Pai.

Meu marido ficou um longo período afastado do Senhor. Algo inimaginável para mim. Mas perseverei em Cristo, sem aceitar aquele fim. Após esses processos de cura interior, retornamos a Portugal, o lugar onde eu disse que não voltaria, para continuar cumprindo o propósito de Deus, porque Ele é fiel para terminar a boa obra que iniciou.

Continuava orando e crendo na restauração dele. Depois de um determinado tempo, Deus o restaurou. Quando eu nem imaginava, meu marido disse: "A partir de hoje, estou voltando para a Presença do Senhor." Deus curou suas feridas e decepções, e restaurou seu ministério. Hoje, estamos juntos na mesma fé, no mesmo propósito, alcançando vidas e fazendo a vontade do Pai. Mas para que tudo isso acontecesse em minha vida, tive que me posicionar em Deus, através da oração, que é uma arma poderosa contra o inimigo.

Não sei qual é a sua necessidade, mas o mesmo Deus que fez o extraordinário em minha vida, também pode fazer na sua. Creia: a sua atitude pode gerar o seu milagre. Quando pensar que não vai conseguir, Deus vem com uma palavra de encorajamento e diz "Não fui eu que ordenei a você? Seja forte e corajoso! Não se apavore nem desanime, pois o Senhor, o seu Deus, estará com você por onde você andar." Deus realmente levantou você e está lhe preparando para o maior desafio da sua vida. Assim como Josué, tome posse dessa palavra de ânimo. Deus sabe o que faz, Ele sabe de todas as coisas! Se Deus lhe deu um desafio, erga a sua cabeça, pois Ele capacita os Seus escolhidos e você é escolhido.

Deus não nos dá um fardo maior do que possamos suportar. As provações amadurecem a nossa fé e a nossa intimidade com Deus. E isso não deve ser motivo de tristeza, mas de alegria, pois a fé produz perseverança e crescimento espiritual. Medite e busque-O em todo o tempo. De fato, certos desafios podem nos levar ao desânimo e ao apavoramento. Essas reações ocorrem quando focamos apenas nas dificuldades, nos dando a falsa impressão de que Deus não está conosco. A única coisa que pode nos afastar da Presença de Deus é o pecado e somente o perdão e o arrependimento fazem com que nos reaproximemos dEle.

Se sentes que está longe do Pai, peça perdão e busque-O verdadeiramente. Deus estará contigo por onde você andar. Não importa a situação, Deus pode restaurar, mas para isso, busque a cada dia ter mais intimidade e relacionamento com Ele. Coisas maravilhosas se revelam no secreto.

Hoje, temos um relacionamento restaurado, nos apoiamos e oramos juntos. A mulher que se sentia inferior foi curada na sua identidade e posicionada por Deus. Todos aqueles sentimentos pela minha mãe foram eliminados quando liberei o perdão. Não importa o cenário que esteja vivendo, somente no Senhor você encontrará refúgio.

Convido-o a refletir sobre como está a sua vida com o Senhor, fazendo uma análise de si mesmo e procurando cada dia mais intimidade com o Espírito Santo. Não fuja do processo. Mantenha-se firme e constante, o Senhor está contigo.

"Se não posso mudar o cenário, posso colocar nas mãos de quem pode. A sua atitude pode gerar o seu milagre."

Sirlei Silva

Suely Freitas

Meu nome é Suely Freitas, moro em Sorocaba, São Paulo, com minhas filhas Rebeca e Luísa.

Com formação em música, trabalho como professora de canto, *coach* vocal e cantora, atuando na formação de cantores e auxiliando grupo vocais e corais.

Em paralelo às atividades musicais, tenho certificação no "Foundation Program" pela Casa Internacional de Oração de Kansas City e pela Florianópolis House of Prayer, o intensivo em Composição BIBLE, LETTERS & SOUNDS.

Capelã Internacional pela CEFI, tenho levado o canto para hospitais, compartilhando mensagens de fé com os pacientes.

Sou integrante da Escola Vida no Espírito, sob a liderança do Ap. Marcio Tanino e estou cursando o Seminário Teológico Carisma.

Tenho formado grupos de leitura bíblica e oração, colaborando para que essas atividades se tornem práticas diárias, trazendo edificação aos participantes.

suelyfreitas_sou

+55 (15) 98119-4456

Suely Freitas Souza

29 MUITO ALÉM DO QUE PEDIMOS!

Por Suely Freitas

Nasci em uma família cristã e tive o privilégio de crescer em um ambiente onde a Palavra de Deus e a oração eram prioridade.

A cultura de oração e louvor não era restrita à Igreja local que frequentávamos, mas se estendia à nossa casa. Ainda crianças, podíamos participar de forma muito ativa dos cultos domésticos que minha mãe realizava, lendo a Bíblia, orando, tocando seu acordeom e ainda fazendo uma segunda voz, enquanto ficávamos encarregados da melodia. Isso tornou minha família, que era tão simples, um lugar de base onde minha fé foi desenvolvida.

Em todo o tempo eu podia observar a busca por Deus dentro da minha casa, a dedicação perseverante do meu pai ao reino de Deus, a alegria e a força da minha mãe, em um posicionamento claro de escolha por Sua Palavra e princípios em todas as circunstâncias. Nas dificuldades que enfrentavam, havia uma atitude central para direção e decisão: a oração.

Lembro de um episódio que me marcou bastante. Meu pai estava passando por um daqueles problemas que fogem ao nosso controle, que o nosso braço não alcança, que somente a ação do Senhor pode resolver. Ele não hesitou em deixar por algumas horas seu trabalho e ir até a igreja, onde acontecia uma reunião chamada "Círculo de Oração" realizada semanalmente por um grupo de mulheres. Ele chegou, ficou meio que de longe, e quando teve a oportunidade, compartilhou seu pedido de oração, endossado pelas palavras: "Eu sei que meu Deus tudo pode!".

Outros momentos como enfermidades, dificuldades financeiras, situações no trabalho, sempre o que vi, foi essa atitude de recorrer a Deus e nEle confiar de todo o coração. Era como se estivesse vendo as palavras do rei Davi cravadas no coração deles: *"O Senhor é a minha rocha, a minha fortaleza e o meu libertador; o meu Deus, o meu rochedo, em quem me refugio; o meu escudo, a força da minha salvação e a minha torre de proteção."* - Salmos 18:2.

Naquela época, eu nem imaginava o quanto a vida de oração dos meus pais e o comprometimento deles em buscar a Deus iria influenciar meu futuro! Enquanto escrevo, me emociono e me pergunto: será que vou conseguir deixar um legado assim para as minhas filhas?

Quero compartilhar com vocês, queridos leitores, uma das minhas experiências mais significativas e preciosas a partir desse legado de uma vida de oração e de fé que meus pais têm me deixado.

As experiências que tive com Deus na infância e adolescência, e o ambiente onde a Palavra, o louvor e oração faziam parte da minha vida de forma intensa, não me isentaram de viver aflições, situações difíceis, de ter que enfrentar problemas para os quais eu não tinha solução. É exatamente como Jesus nos alertou em sua Palavra: *"No mundo tereis aflições, mas tende bom ânimo, eu venci o mundo"* - João 16:33.

Uma das questões com a qual me deparei, foi em relação à criação das minhas filhas. Eu havia passado por um divórcio. E agora? Como manter um ambiente no qual elas pudessem ter o mesmo exemplo de fé que eu tive, a mesma base sólida na Palavra de Deus e nunca se afastarem do Senhor?

O Espírito de Deus trazia constantemente à minha memória, *flashes* da vida de oração dos meus pais. Nasceu em meu coração, um desejo forte de orar de forma mais intensa, intercedendo por elas. À medida que iam crescendo, eu me colocava mais e mais em oração e observava que outras mães também tinham as mesmas dificuldades e preocupações. Eu pensava: Deve haver outras mães perto de mim, que também desejam orar pelos seus filhos.

Foi então que pedi direção a Deus e iniciei uma reunião em minha casa a qual chamamos de "Encontros". Um lugar de encontro com Deus, consigo mesma, com outras mulheres, com o objetivo de orar umas pelas outras, conversar sobre as aflições do nosso coração e também testemunhar sobre o que Deus estava realizando em nossas vidas.

Após os primeiros encontros, compartilhei com o grupo, o meu desejo de ter um horário específico para orar por nossos filhos. Então direcionamos nossos encontros para esse objetivo. Nasceu o grupo "Mães Intercessoras".

Cada mãe tinha o nome dos filhos escrito em um coração feito de cartolina. Na hora da oração, espalhávamos esses corações no chão e ajoelhávamos apresentando ao Senhor a vida dos nossos filhos.

Em pouco tempo começamos a ouvir testemunhos do agir de Deus. Durante os meses que se seguiram pudemos ver tantos milagres! Filhos curados de enfermidades, atitudes de rebeldia cedendo lugar à honra, oportunidades de estágio e trabalho sendo abertas, dificuldades na escola sendo resolvidas e tantas outras bençãos pudemos presenciar.

Até hoje, nos alegramos e agradecemos a Deus porque ainda estamos ouvindo sobre respostas daquele período inicial.

Esse era o desejo e o propósito do meu coração! Esse era o desejo de cada mãe que chegava para a reunião toda semana, muitas vezes desesperadas, angustiadas, sem saber o que fazer e como agir diante das circunstâncias que enfrentavam.

Mas o propósito de Deus através desses encontros era muito além de alcançar nossos filhos. Ele queria nos encontrar! Ele queria trabalhar em nosso coração e nos direcionar a um novo posicionamento como mãe, como mulher e como filha.

A cada reunião, de uma maneira poderosa, vivenciamos cura emocional e alinhamento espiritual. Uma grande transformação começou a acontecer em nós, na forma de pensar e agir com nossos filhos, e à medida em que íamos nos submetendo ao processo, o Senhor, através do seu Espírito, foi nos ajudando a confessar pecados, nos mostrando que havia muito orgulho em nosso coração, que era tempo de aprendermos a ouvir mais e falar menos, trocar as críticas por elogios, a pedir perdão quando estivéssemos erradas e abraçar mais.

O Senhor nos incomodou para estabelecermos uma rotina de oração mais intensa aliada a um dia de jejum semanal. O "Lugar Secreto" ganhou uma importância muito maior, aprendemos a declarar a Palavra em nossa casa e sobre nossos filhos. A "Mesa Posta" foi ganhando nossa atenção à medida que Deus ia nos revelando a importância de fazer as refeições em família, momentos em que nossos filhos pudessem se sentar à mesa, esse lugar onde podemos olhar em seus olhos, ouvir como foi na escola, suas preocupações e frustrações, seus sonhos e expectativas.

Aprendemos também a lavar os pés umas das outras, de nossos pais, de nossos filhos e de todos os que o Senhor nos direcionava, em atitude de honra e amor.

Houve um entendimento do quanto nós, mães, precisávamos mudar nossos pensamentos, atitudes e palavras, a fim de que a transformação que desejávamos pudesse acontecer.

Todas as que se submeteram ao processo, que aceitaram e colocaram em prática as ministrações e palavras recebidas, em obediência ao Senhor, hoje têm bençãos para contar. Oramos e choramos juntas, mas também celebramos cada conquista, cada oração respondida!

O Senhor fez além. O nosso foco era a transformação e proteção dos nossos filhos. Mas o propósito dEle era a família toda, nos dando a oportunidade de sermos verdadeiramente "edificadoras da nossa casa". Ele é poderoso para fazer infinitamente mais!

Não desista de seus filhos! Enquanto você ora por eles, permita-se passar pelo processo de transformação e torne-se a maior intercessora deles. A oração é um lugar onde Deus vai posicionar você, alinhar seus pensamentos com os pensamentos dEle. É onde você pode derramar seu coração, deixar aos pés de Jesus toda tristeza, ofensa, irritação, ansiedade, tudo aquilo que pode bloquear o fluxo do amor de Deus dentro de você. É também o momento em que você recebe estratégias para agir com sabedoria. Quando você se levanta desse momento com o Pai, tem alívio, força e confiança.

Quando oramos, a fé é ativada, o amor é renovado para amarmos incondicionalmente, a alegria brota e se torna como um rio de águas vivas, uma fonte inesgotável. Como diz o texto bíblico: *"A alegria do Senhor é a vossa força."* - Neemias 8:10.

Então você pode declarar: A alegria do Senhor é a minha força! Você chega com lágrimas e sai com um sorriso, fortalecida, encorajada e com pensamentos de um bom futuro para você e sua família.

Talvez você queira orar por outro motivo: seu casamento, sua profissão, seu ministério, algum projeto que deseja implantar ou por alguma cura. Então, comece hoje mesmo, e terá a sua recompensa, não só pelas respostas, direções e milagres acontecendo, mas a recompensa da Presença do Pai!

O que é preciso quando iniciamos uma rotina de oração?

1. Dê o primeiro passo! Comece. Pode ser com um tempo de aproximadamente 15 minutos e, depois de alguns dias, passe para 20 minutos, 30 minutos e assim por diante. Estabeleça um alvo, por exemplo, quero orar pelo menos 1 hora por dia, então comece e vá caminhando até chegar nesse alvo;

2. Persevere! Na maior parte das vezes a resposta não vem de imediato. É preciso se manter nesse lugar, confiando, declarando a Palavra e agradecendo, pois o Deus a quem oramos, ouve, e no tempo certo, trará a resposta.

Como disse, logo no início do nosso grupo, presenciamos muitos milagres, mas outros, estamos recebendo nesse tempo em que escrevo, cinco, seis anos depois. E sabemos que alguns chegarão daqui um tempo. E o milagre continua: quanto mais oro pelas minhas filhas, mais Deus vai transformando meu coração.

Ore, persevere, creia! O Deus que fez e faz por tantas mulheres durante esses anos todos é o mesmo Deus que fará por você, por seus filhos, por sua família e por cada causa que você apresentar a Ele.

"Ora, aquele que é poderoso para fazer infinitamente mais do que tudo que pedimos ou pensamos, segundo o poder que opera em nós, a ele seja a glória na igreja, e em Cristo Jesus, por todas as gerações para todo o sempre. Amém." - Efésios 3:20, 21

"O propósito de Deus para os nossos filhos, inclui nos levar ao Lugar Secreto e restaurar o nosso coração."

Suely Freitas

Suzi Meire

Meu nome é Suzi Meire, tenho 43 anos e moro em Londres há mais ou menos 5 anos.

Sou empresária e sócia da marca internacional "MVPE", que possui um estilo livre e autêntico têxtil.

Sou, também, coautora deste livro, "Histórias escritas por Deus", onde conto um pouco da minha experiência como forma de transformar vidas.

Cheguei em Londres antes da pandemia e passei por muitas dificuldades com todo o contraste linguístico e cultural do que já estava acostumada no Brasil. Hoje, mais madura e com feridas já cicatrizadas, pude então, junto de mulheres incríveis, contribuir para a escrita desse livro abençoado, que tem mudado vidas, não só das pessoas que o têm adquirido, mas também de todas as coautoras que, assim como eu, fazem parte desse projeto grandioso.

susyfreedomuk

+44 7521 824179

30 RAÍZES

Por Suzi Meire

Nasci na cidade de Santo André/SP no Brasil, onde a vida era marcada por desafios. Meu pai, Otacílio, um homem com um coração generoso, lutava contra o vício implacável da bebida; esse vício transformava nossas noites em tormentas e trazia consigo um terror constante.

Minha infância, que deveria ser repleta de inocência e alegria, foi transformada em uma jornada de luta diária e desafios inesperados. Quando eu tinha apenas 10 anos de idade, a vida nos impôs uma dolorosa reviravolta: meu pai foi consumido pelo vício, arrastado para as ruas como uma sombra da própria desgraça.

Por várias vezes ele vendia nossos pertences de casa. Meu pai vendeu até mesmo a aliança de casamento e, como os vizinhos já conheciam a minha mãe, eles compravam e devolviam para ela devido a pena que sentiam.

Fomos morar de favor na casa de um parente, num cômodo muito pequeno; dormíamos no chão com ratos andando pela casa, até que uma amiga ficou comovida e nos deu abrigo. Minha mãe, doméstica e feirante, sempre lutou sozinha para cuidar de mim. Muitas muitas vezes, fiquei em casa de pessoas para ela poder trabalhar. Nem sempre era bem recebida nessas casas, já cheguei a ouvir frases do tipo: "Não quero essa menina aqui!" ou "Não quero essa menina comendo aqui!" mesmo minha mãe arcando com a minha alimentação. Ela trabalhava até tarde e, em outros momentos, eu tinha que ficar do lado de fora, sozinha, esperando a filha de minha tia acordar, para que eu pudesse entrar e não fizesse barulho, enquanto a filha dormia.

Todas essas situações tornaram minha vida mais difícil, mas minha mãe guerreira, nunca desistiu e nem nunca me abandonou. Hoje só retribuo a ela todo o cuidado.

PAI E MÃE

Meu pai se tornou morador de rua, mas meu coração de filha nunca teve rancor ou raiva por eu viver aquela vida, pelo contrário, eu o honrava do meu jeito. E meu jeito era buscá-lo para vir almoçar comigo aos domingos, no Dia dos Pais, no aniversário, no natal. Durante todo o ano eu sempre tentava trazê-lo para perto de mim e longe daquela vida.

Na minha fase adulta ele ficou doente (AVC) e eu o levei para a minha casa, onde poderia cuidar dele. E mesmo estando naquela situação, ele continuava com malcriações e fazia as pirraças dele, e sim, tinha dias que era difícil, porém meu amor sempre falou mais alto.

Foi assim até o dia que Deus me mostrou em sonho levando-o para a glória, o que logo em seguida se concretizou. Após o segundo derrame; perdi meu pai, mas sem arrependimentos, tudo que eu pude fazer em vida para ele eu fiz. Como filha, tirei ele das ruas, calcei, vesti, levei-o para perto da família dele e, ainda em vida, foi no meu casamento e entrou de braços dados comigo até o altar; levei-o em lojas para comprar roupas; foram os dias mais felizes da minha vida, meu pai ali comigo. Eu nunca desisti do meu pai.

Minha mãe era o meu porto seguro, a força incansável que segurava as rédeas da nossa família. Ela enfrentava as dificuldades com uma coragem admirável, mas o peso das responsabilidades e das perdas que sofreu vivia estampado em seu rosto, nos olhos marejados e nas lágrimas derramadas no chão. Apesar de tudo, Maria era minha âncora de amor e proteção.

Eu, uma criança tão nova, me vi obrigada a abraçar responsabilidades adultas, tornar-me uma extensão dos braços da minha mãe, era a única maneira de ajudá-la. Limpar casas alheias, cuidar de afazeres domésticos e preparar refeições, se tornaram minhas tarefas diárias, uma precocidade imposta pela necessidade de enfrentar a dura realidade da vida.

Minha mãe, Maria, tinha uma jornada exaustiva, carregada de trabalho árduo e preocupações incessantes, mas pôde nos proporcionar uma qualidade de vida melhor. Hoje, só retribuo a ela, todo cuidado que teve com minha vida. E a Palavra do Senhor diz:

"Honra teu pai e tua mãe, a fim de que tenhas vida longa na terra que o Senhor, o teu Deus, te dá." - Êxodo 20:12.

NOVOS ARES

Os anos se passaram e em 2018, eu já com 37 anos de idade, divorciada e mãe de um casal, minha filha com 19 e meu filho com 17 anos, saí do Brasil rumo à terra da Rainha

Quando cheguei em Londres, tinha apenas £ 450 e um mar de incertezas diante de mim. Não falava inglês e estava sozinha, sem conhecer ninguém na cidade. Inicialmente, me senti completamente perdida, a barreira linguística era enorme, impossibilitando qualquer comunicação. Encontrar um lugar para morar era um desafio. Acabei morando por alguns dias, de favor, casa de amigos de uma moça, que conheci no aeroporto, até encontrar um quarto e trabalho, fixos, para me manter.

Em meio à dificuldade, consegui um emprego como faxineira em uma rota de *cleaner* brasileira, foi uma oportunidade crucial para começar a me estabilizar no país e também um meio para aprender o idioma local. Cada pequeno avanço na língua inglesa, representava uma vitória na minha jornada para me estabelecer nessa metrópole.

A jornada, estava apenas começando. Entre a luta diária pela comunicação, a necessidade de sobrevivência e a busca por um lugar que eu pudesse chamar de lar, estava construindo os primeiros alicerces da minha história de superação nessa terra.

Nem sempre minha vida aqui foi só tristeza e isolamento, conheci pessoas incríveis e construí amizades verdadeiras em meio a tudo isso.

CURANDO FERIDAS

No segundo período da pandemia, um determinado influencer me chamou a atenção, pois o havia visto honrando a mãe dele. Eu tinha feridas abertas com a minha mãe, assim como muitos têm. E, de repente, Deus me disse:"-Honre sua mãe enquanto você ainda a tem", e eu disse: "Como, senhor?" Então Ele me disse: "Reforme a casa dela toda". Nesse momento eu ri e disse: "É impossível, não tenho dinheiro". Ele não quis me ouvir, foi quando fui falar com ela sobre a reforma.

Ela ficou brava, brigou comigo e disse que não queria nada de reforma, que não precisa, e com isso, eu fiquei muito triste com aquelas palavras, mas nunca desisti, me lembrava do que Deus havia me dito, e quando voltava a tentar tocar no assunto, ela dizia não.

Sem sucesso, e vendo todo o meu esforço, Deus então me disse: "Peça para o seu filho falar com ela". Deus já havia preparado tudo, porque nessa época, meu filho morava em outro estado e foi passar as férias em São Paulo. Liguei para o meu filho e pedi para que falasse com ela. Ela aceitou!

O que eu não sabia era que, enquanto eu reformava a casa dela, Deus reformava o meu relacionamento com a minha mãe. Cada parede que era derrubada daquela casa, era também uma barreira derrubada entre ela e eu e, no meio disso tudo, pude ouvir pela primeira vez, em 39 anos, minha mãe dizer: "Te amo filha, volta pra casa, sinto sua falta, tenho medo de não te ver de novo pessoalmente em vida".

Meu coração ficou leve como se tivesse tirado um fardo. Eu me senti aceita por ela, me senti amada, porque por muitos anos eu achava que minha mãe não me amava. Não estou dizendo que é uma verdade, mas sim, o que eu sentia por dentro, e eu só entendi quando ela verbalizou. O jeito que minha mãe dizia que me amava, era me alimentando e me dando uma casa para morar, mas não um "eu te amo" propriamente dito. Demorei anos para enxergar isso, enxergar a sutileza em sua linguagem de amor, quase como um segredo, um segredo do qual precisamos saber, e eu precisava saber.

Às vezes não entendemos o agir de Deus, mas sou eternamente grata por atos como esse que Ele realizou em minha vida.

NOVO CICLO

No último ano, comecei a participar de palestras empresariais, eventos de *networking* de empresas. Cada aula e cada página lida, representava um passo a mais rumo ao crescimento profissional que tanto almejava.

O brilho da realização pessoal também se materializou de maneira tangível quando adquiri um apartamento. Não foi somente um investimento em um espaço físico, mas uma conquista que simbolizou independência e estabilidade. Era o lar pelo qual tanto ansiava, um lugar onde poderia escrever minhas histórias e construir meu refúgio.

Faz 5 anos que não vejo minha mãe e minha filha e que não vou ao Brasil. Mas esse ano meu filho me fez uma surpresa: veio me visitar.

Ele fez o lançamento da marca em um evento de moda aqui em Londres, participou de entrevistas e também ganhou troféu. Marca onde sou sócia hoje.

Estou sendo coautora deste livro, entre outros projetos que ainda estão se alinhando.

Quero dizer: não recue! Deus realiza sonhos. Eu nunca pensei que chegaria aonde cheguei, mas Deus já havia escrito uma história linda para mim. De uma menina simples, que ia para a escola andando mais de 1 hora para chegar na aula, que não tinha às vezes comida e comia feliz da vida pirão de farinha de mandioca e ovo, ou, quando tinha que usar roupas doadas. Era descriminada por não ter brinquedos e nem uma "Barbie". Hoje, cada conquista conta. Por menor que seja, testemunha a minha resiliência.

Os anos de desafios não foram em vão, emergi não apenas como alguém que sobreviveu, mas como uma vencedora, uma guerreira que enfrentou as adversidades com coragem e determinação.

Ao contemplar minha trajetória, percebo que cada capítulo desta jornada foi uma etapa crucial para moldar minha força interior. Após anos de desafios e superações, vislumbrei a possibilidade de um novo capítulo, um estágio em que os sonhos não eram mais apenas reflexos de uma mente esperançosa, mas sim, metas ao alcance das minhas mãos calejadas pela luta.

A conclusão do ciclo de mudança de uma ex-empregada doméstica a uma empresária, marcou uma vitória inigualável. Cada degrau conquistado foi mais do que um triunfo; simbolizava a superação de barreiras, a transformação do conhecimento em ferramentas, para alçar voos ainda mais altos.

Meu apartamento que outrora parecia um sonho distante, agora era o meu santuário, o espaço que refletia não só independência, mas a determinação de alcançar um lugar no mundo, independentemente das adversidades. Cada desafio enfrentado, me ensinou a encarar a vida com gratidão e determinação.

"Coração valente,
você não pode
morrer!"

Suzi Meire